# 决战决胜

## —— 全面小康与脱贫攻坚 ——

人民日报理论部◎编

人民日报出版社
北　京

**图书在版编目（CIP）数据**

决战决胜：全面小康与脱贫攻坚 / 人民日报理论部编 . -- 北京：人民日报出版社，2020.9

ISBN 978-7-5115-6529-7

Ⅰ . ①决… Ⅱ . ①人… Ⅲ . ①小康建设－中国－文集②扶贫－中国－文集 Ⅳ . ① F124.7-53 ② F126-53

中国版本图书馆 CIP 数据核字 (2020) 第 164318 号

书　　名：决战决胜：全面小康与脱贫攻坚
作　　者：人民日报理论部

---

出 版 人：刘华新
责任编辑：周海燕
封面设计：墨航工作室

---

出版发行：人民日报出版社
社　　址：北京金台西路 2 号
邮政编码：100733
发行热线：（010）65369527　65369509　65369512　65369846
邮购热线：（010）65369530　65363527
编辑热线：（010）65369518
网　　址：www.peopledailypress.com
经　　销：新华书店
印　　刷：大厂回族自治县彩虹印刷有限公司

---

开　　本：710mm × 1000mm　1/16
字　　数：220 千字
印　　张：15
版　　次：2020 年 11 月第 1 版
印　　次：2020 年 11 月第 1 次印刷

---

书　　号：ISBN 978-7-5115-6529-7
定　　价：48.00 元

# 目录

**在决战决胜脱贫攻坚座谈会上的讲话** …… 001

**兑现向人民向历史作出的庄严承诺** …… 014

## 上编 决胜全面小康　决战脱贫攻坚

实现中华民族伟大复兴中国梦的关键一步 …… 026

高质量完成脱贫攻坚目标任务 …… 033

脱贫攻坚越到最后越要加强和改善党的领导 …… 041

强担当　扬优势　确保脱贫攻坚决战决胜 …… 048

脱贫攻坚：对中华民族对人类都具有重大意义的伟业 …… 058

决战决胜脱贫攻坚：践行初心使命的时代号角 …… 067

经济更加发展的成色十足 …… 077

中华民族伟大复兴征程上的重要里程碑 …… 085

运用政治优势确保脱贫攻坚决战决胜 …… 095

全面建成小康社会的科学方法论 …… 102

任何困难都不能阻挡脱贫攻坚脚步 …… 109

确保完成脱贫攻坚这个硬任务……116
奋力夺取脱贫攻坚战全面胜利……123
确保全面建成小康社会圆满收官……130
扎实做好全面小康兜底夯基工作……138
展现人类减贫史上的大国担当……145
在全面建成小康社会中充分发挥领导核心作用……154
肩负历史责任　感受时代荣光……161
打赢脱贫攻坚战的科学指引……170
凝心聚力打赢脱贫攻坚战……178

## 下编　开启全面建设社会主义现代化国家新征程

奋力夺取全面建设社会主义现代化国家新胜利……186
为全面建设社会主义现代化国家开好局起好步……191
在更高起点上推进改革开放……199
为开启新征程奠定坚实基础……207
深入理解“坚持系统观念”……214
以推动高质量发展为主题……222
坚定文化自信　建设文化强国……230

# 在决战决胜脱贫攻坚座谈会上的讲话

（2020 年 3 月 6 日）

习近平

同志们：

这次会议的主要任务是，分析当前形势，克服新冠肺炎疫情影响，凝心聚力打赢脱贫攻坚战，确保如期完成脱贫攻坚目标任务，确保全面建成小康社会。

刚才，怒江州、和田地区、兰考县、大化县、赫章县的 5 位同志作了发言，讲得都很好，各省区市的书面材料我也都看了。总的看，党中央关于脱贫攻坚的决策部署得到全面贯彻落实，各方面工作成效显著，大家对打赢脱贫攻坚战充满信心。

2015 年以来，我就打赢脱贫攻坚战召开了 7 个专题会议。2015 年在延安召开革命老区脱贫致富座谈会、在贵阳召开部分省区市扶贫攻坚与“十三五”时期经济社会发展座谈会，2016 年在银川召开东西部扶贫协作座谈会，2017 年在太原召开深度贫困地区脱贫攻坚座谈会，2018 年在成都召开打好精准脱贫攻坚战座谈会，2019 年在重庆召开解决“两不愁三保障”突出问题座谈会，每次围绕一个主题，同时也提出面上的工作要求。每次座谈会前，我都先到贫困地区调研，实地了解情况，听听基层干部群众意见，根据了解到的情况，召集相关省份负责同志进行工作部署。

今年年初，我就考虑结合到外地考察，把有关地方特别是还没有摘帽的贫困县所有负责同志都请到一起开个会，研究决战脱贫攻坚工作部署。新冠肺炎疫情发生后，也考虑过等疫情得到有效控制后再到地方去开，但又觉得今年满打满算还有不到 10 个月的时间，按日子算就是 300 天，如期实现脱贫攻坚目标任务本来就有许多硬骨头要啃，疫情又增加了难度，必须尽早再动员、再部署。

这次座谈会是所有省区市主要负责同志都参加，中西部 22 个向中央签了脱贫攻坚责任书的省份一直开到县级。这是党的十八大以来脱贫攻坚方面最大规模的会议，目的就是动员全党全国全社会力量，以更大决心、更强力度推进脱贫攻坚，确保取得最后胜利。

下面，我讲几点意见。

## 一、我国脱贫攻坚取得决定性成就

党的十八大以来，我们坚持以人民为中心的发展思想，明确了到 2020 年我国现行标准下农村贫困人口实现脱贫、贫困县全部摘帽、解决区域性整体贫困的目标任务。目前看，脱贫进度符合预期，成就举世瞩目。

第一，脱贫攻坚目标任务接近完成。我国从上世纪 80 年代开始扶贫，有两个基本情况。一个是以当时的扶贫标准，贫困人口减到 3000 万左右就减不动了，另一个是戴贫困县帽子的越扶越多。这次脱贫攻坚扭转了这种趋势。贫困人口从 2012 年年底的 9899 万人减到 2019 年年底的 551 万人，贫困发生率由 10.2% 降至 0.6%，连续 7 年每年减贫 1000 万人以上。到今年 2 月底，全国 832 个贫困县中已有 601 个宣布摘帽，179 个正在进行退出检查，未摘帽县还有 52 个，区域性整体贫困基本得到解决。

第二，贫困群众收入水平大幅度提高。我们坚持开发式扶贫方针，引导和支持所有有劳动能力的贫困人口依靠自己的双手创造美好明天。建档立卡贫困人口中，90% 以上得到了产业扶贫和就业扶贫支持，三分之二以上主要靠外出务工和产业脱贫，工资性收入和生产经营性收入占比上升，转移性收入占比逐年下降，自主脱贫能力稳步提高。2013 年至 2019 年，832 个贫困县农民人均可支配收入由 6079 元增加到 11567 元，年均增长 9.7%，比同期全国农民人均可支配收入增幅高 2.2 个百分点。全国建档立卡贫困户人均纯收入由 2015 年的 3416 元增加到 2019 年的 9808 元，年均增幅 30.2%。贫困群众“两不愁”质量水平明显提升，“三保障”突出问题总体解决。

第三，贫困地区基本生产生活条件明显改善。具备条件的建制村全部通硬化路，村村都有卫生室和村医，10.8 万所义务教育薄弱学校的办学条件得到改善，农网供电可靠率达到 99%，深度贫困地区贫困村通宽带比例达到 98%，960 多万贫困人口通过易地扶贫搬迁摆脱了“一方水土养活不了一方人”的困境。贫困地区群众出行难、用电难、上学难、看病难、通信难等长期没有解决的老大难问题普遍解决，义务教育、基本医疗、住房安全有了保障。党的十八大以来，我每年都到贫困地区考察调研，前几年去，沿途山路颠颠簸簸，进了村坑坑洼洼，晴天尘土满鞋，雨天道路泥泞，贫困户房子破破烂烂、有的家徒四壁，一些贫困群众一年也吃不上几次肉，不少孩子没有上学或中途辍学，很多人生病基本靠扛，看了心里确实很沉重。这几年，我再去一些贫困村，看到了实实在在的变化，道路平坦通畅，新房子一片连着一片，贫困群众吃穿不成问题。看到群众脸上洋溢着真诚淳朴的笑容，我心里非常高兴。

第四，贫困地区经济社会发展明显加快。我们坚持以脱贫攻坚统揽贫困地区经济社会发展全局，贫困地区呈现出新的发展局面。特色产业不断壮大，产业扶贫、电商扶贫、光伏扶贫、旅游扶贫等较快发展，贫困地区经济活力和发展后劲明显增强。通过生态扶贫、易地扶贫搬迁、退耕还林还草等，贫困地区生态环境明显改善，贫困户就业增收渠道明显增多，基本公共服务日益完善。

第五，贫困治理能力明显提升。我们推进抓党建促脱贫攻坚，贫困地区基层组织得到加强，基层干部通过开展贫困识别、精准帮扶，本领明显提高，巩固了党在农村的执政基础。全国共派出25.5万个驻村工作队、累计选派290多万名县级以上党政机关和国有企事业单位干部到贫困村和软弱涣散村担任第一书记或驻村干部，目前在岗91.8万，特别是青年干部了解了基层，学会了做群众工作，在实践锻炼中快速成长。在这次新冠肺炎疫情防控中，贫困地区基层干部展现出较强的战斗力，许多驻村工作队拉起来就是防“疫”队、战“疫”队，这同他们经受了这几年脱贫工作历练是分不开的。

第六，中国减贫方案和减贫成就得到国际社会普遍认可。今年脱贫攻坚任务完成后，我国将有1亿左右贫困人口实现脱贫，提前10年实现联合国2030年可持续发展议程的减贫目标，世界上没有哪一个国家能在这么短的时间内帮助这么多人脱贫，这对中国和世界都具有重大意义。国际社会对中国减贫方案是高度赞扬的。联合国秘书长古特雷斯表示，精准扶贫方略是帮助贫困人口、实现2030年可持续发展议程设定的宏伟目标的唯一途径，中国的经验可以为其他发展中国家提供有益借鉴。在共建“一带一路”国际合作中，许多发展中国家希望分享中国减贫经验。我同许多国家领导人或国际组织主要负责人见面时，他们都肯定中国减贫成就。

总的看，我们在脱贫攻坚领域取得了前所未有的成就，彰显了中国共产党领导和我国社会主义制度的政治优势。这些成绩的取得，凝聚了全党全国各族人民智慧和心血，是广大干部群众扎扎实实干出来的。在这里，我代表党中央，向大家并通过你们向广大脱贫攻坚战线的同志们，致以诚挚的问候！

## 二、高度重视打赢脱贫攻坚战面临的困难挑战

我多次讲，脱贫攻坚战不是轻轻松松一冲锋就能打赢的，从决定性成就到全面胜利，面临的困难和挑战依然艰巨，决不能松劲懈怠。

——剩余脱贫攻坚任务艰巨。全国还有52个贫困县未摘帽、2707个贫困村未出列、建档立卡贫困人口未全部脱贫。虽然同过去相比总量不大，但都是贫中之贫、困中之困，是最难啃的硬骨头。“三保障”问题基本解决了，但稳定住、巩固好还不是一件容易的事情，有的孩子反复失学辍学，不少乡村医疗服务水平低，一些农村危房改造质量不高，有的地方安全饮水不稳定，还存在季节性缺水。剩余建档立卡贫困人口中，老年人、患病者、残疾人的比例达到45.7%。

——新冠肺炎疫情带来新的挑战。疫情对脱贫攻坚的影响主要表现在这样几个方面。一是外出务工受阻。据国务院扶贫办统

计，2019 年全国有 2729 万建档立卡贫困劳动力在外务工，这些家庭三分之二左右的收入来自外出务工，涉及三分之二左右建档立卡贫困人口。现在，一些贫困劳动力外出务工受到影响，如不采取措施，短时间内收入就会减少。二是扶贫产品销售和产业扶贫困难。贫困地区农畜牧产品卖不出去，农用物资运不进来，生产和消费下降，影响产业扶贫增收。三是扶贫项目停工。易地扶贫搬迁配套、饮水安全工程、农村道路等项目开工不足，不能按计划推进。四是帮扶工作受到影响。一些疫情严重的地区，挂职干部和驻村工作队暂时无法到岗。

——巩固脱贫成果难度很大。已脱贫的地区和人口中，有的产业基础比较薄弱，有的产业项目同质化严重，有的就业不够稳定，有的政策性收入占比高。据各地初步摸底，已脱贫人口中有近 200 万人存在返贫风险，边缘人口中还有近 300 万存在致贫风险。

——脱贫攻坚工作需要加强。当前，最大的问题是防止松劲懈怠、精力转移，我去年在重庆座谈会上讲了这个问题。但是，随着越来越多贫困人口脱贫、贫困县摘帽，一些地方出现了工作重点转移、投入力度下降、干部精力分散的现象。形式主义、官僚主义屡禁不止，数字脱贫、虚假脱贫仍有发生，个别地区“一发了之”、“一股了之”、“一分了之”问题仍未得到有效解决，部分贫困群众发展的内生动力不足。

从实践看，疫情或灾害对减贫进程会产生影响。我们必须采取有效措施，将疫情的影响降到最低。现在，脱贫攻坚政策保障、资金支持和工作力量是充足的，各级干部也积累了丰富经验，只要大家绷紧弦、加把劲，坚定不移把党中央决策部署落实好，完全有条件有能力如期完成脱贫攻坚目标任务。

## 三、确保高质量完成脱贫攻坚目标任务

关于脱贫攻坚战最后一年的工作，《中共中央、国务院关于抓好“三农”领域重点工作确保如期实现全面小康的意见》已经作出部署，各地区各部门要抓好贯彻落实。

第一，攻坚克难完成任务。要继续聚焦“三区三州”等深度贫困地区，落实脱贫攻坚方案，瞄准突出问题和薄弱环节狠抓政策落实。确保剩余建档立卡贫困人口如期脱贫，对52个未摘帽贫困县和1113个贫困村实施挂牌督战，国务院扶贫开发领导小组要较真碰硬“督”，各省区市要凝心聚力“战”，啃下最后的硬骨头。要巩固“两不愁三保障”成果，防止反弹。对没有劳动能力的特殊贫困人口要强化社会保障兜底，实现应保尽保。

第二，努力克服疫情影响。要落实分区分级精准防控策略。疫情严重的地区，在重点搞好疫情防控的同时，可以创新工作方式，统筹推进疫情防控和脱贫攻坚。没有疫情或疫情较轻的地区，要集中精力加快推进脱贫攻坚。要优先支持贫困劳动力务工就业，

在企业复工复产、重大项目开工、物流体系建设等方面优先组织和使用贫困劳动力，鼓励企业更多招用贫困地区特别是建档立卡贫困家庭人员，通过东西部扶贫协作“点对点”帮助贫困劳动力尽快有序返岗。要分类施策，对没有疫情的地区要加大务工人员送接工作力度。要切实解决扶贫农畜牧产品滞销问题，组织好产销对接，开展消费扶贫行动，利用互联网拓宽销售渠道，多渠道解决农产品卖难问题。要支持扶贫产业恢复生产，做好农资供应等春耕备耕工作，用好产业帮扶资金和扶贫小额信贷政策，促进扶贫产业持续发展。要加快扶贫项目开工复工，易地搬迁配套设施建设、住房和饮水安全扫尾工程任务上半年都要完成。要做好对因疫致贫返贫人口的帮扶，密切跟踪受疫情影响的贫困人口情况，及时落实好兜底保障等帮扶措施，确保他们基本生活不受影响。

第三，多措并举巩固成果。国务院扶贫开发领导小组去年年底组织各地对已脱贫的9300多万人口开展了全面排查，查找了漏洞缺项，要一项一项整改到位。对存在返贫风险的近200万和存在致贫风险的近300万人群实施针对性预防措施，及时将返贫和致贫人口纳入帮扶。要加大就业扶贫力度，加强劳务输出地和输入地精准对接，稳岗拓岗，支持扶贫龙头企业、扶贫车间尽快复工，提升带贫能力，利用公益岗位提供更多就近就地就业机会。要加大产业扶贫力度，种养业发展有自己的规律，周期较长，要注重长期培育和支持。这几年，扶贫小额信贷对支持贫困群众发展生产发挥了重要作用，要继续坚持。要加大易地扶贫搬迁后续扶持力度。全国易地扶贫搬迁 960 多万贫困人口，中西部地区还同步搬迁 500 万非贫困人口，相当于一个中等国家的人口规模。现在搬得出的问题基本解决了，下一步的重点是稳得住、有就业、逐步能致富。

第四，保持脱贫攻坚政策稳定。对退出的贫困县、贫困村、贫困人口，要保持现有帮扶政策总体稳定，扶上马送一程。可以考虑设个过渡期，过渡期内，要严格落实摘帽不摘责任、摘帽不摘政策、摘帽不摘帮扶、摘帽不摘监管的要求，主要政策措施不能急刹车，驻村工作队不能撤。要加快建立防止返贫监测和帮扶机制，对脱贫不稳定户、边缘易致贫户以及因疫情或其他原因收入骤减或支出骤增户加强监测，提前采取针对性的帮扶措施，不能等他们返贫了再补救。

第五，严格考核开展普查。要严把退出关，坚决杜绝数字脱贫、虚假脱贫。国务院扶贫开发领导小组要开展督查巡查，加强常态化督促指导，今年中央将继续开展脱贫攻坚成效考核。从下半年开始，国家要组织开展脱贫攻坚普查，对各地脱贫攻坚成效进行全面检验。这是一件大事。要为党中央适时宣布打赢脱贫攻坚战、全面建成小康社会提供数据支撑，确保经得起历史和人民检验。

第六，接续推进全面脱贫与乡村振兴有效衔接。脱贫摘帽不是终点，而是新生活、新奋斗的起点。要针对主要矛盾的变化，理清工作思路，推动减贫战略和工作体系平稳转型，统筹纳入乡村振兴战略，建立长短结合、标本兼治的体制机制。这项工作，中央有关部门正在研究。总的要有利于激发欠发达地区和农村低收入人口发展的内生动力，有利于实施精准帮扶，促进逐步实现共同富裕。有条件的地方，也可以结合实际先做起来，为面上积累经验。

## 四、加强党对打赢脱贫攻坚战的领导

“其作始也简，其将毕也必巨。”脱贫攻坚越到最后越要加强和改善党的领导。各级党委（党组）一定要履职尽责、不辱使命。

到 2020 年现行标准下的农村贫困人口全部脱贫，是党中央向全国人民作出的郑重承诺，必须如期实现，没有任何退路和弹性。这是一场硬仗，越到最后越要紧绷这根弦，不能停顿、不能大意、不能放松。各省区市都层层签了军令状，承诺了就要兑现。时间一晃就过去了，上上下下必须把工作抓得很紧很紧。

中央财政要继续增加专项扶贫资金规模，各级财政也要保证脱贫攻坚的资金需求。要加大财政涉农资金整合力度，加强扶贫资金监管，提高资金使用效率和效益，用好扶贫的土地和金融政策。对已经实现稳定脱贫的地方，各地可以统筹安排专项扶贫资金，支持非贫困县、非贫困村的贫困人口脱贫。

要深化东西部扶贫协作和中央单位定点扶贫。当前，最突出的任务是帮助中西部地区降低疫情对脱贫攻坚的影响，在劳务协作上帮、在消费扶贫上帮。长远看，东西部扶贫协作要立足国家区域发展总体战略，深化区域合作，推进东部产业向西部梯度转移，实现产业互补、人员互动、技术互学、观念互通、作风互鉴，共同发展。

脱贫攻坚任务能否高质量完成，关键在人，关键在干部队伍作风。要加强扶贫领域作风建设，坚决反对形式主义、官僚主义，减轻基层负担，做好工作、生活、安全等各方面保障，让基层扶贫干部心无旁骛投入到疫情防控和脱贫攻坚工作中去。要加强脱贫攻坚干部培训，确保新选派的驻村干部和新上任的乡村干部全部轮训一遍，增强精准扶贫、精准脱贫能力。

脱贫攻坚不仅要做得好，而且要讲得好。要重点宣传党中央关于脱贫攻坚的决策部署，宣传各地区各部门统筹推进疫情防控和脱贫攻坚工作的新举措好办法，宣传基层扶贫干部的典型事迹和贫困地区人民群众艰苦奋斗的感人故事。对善意的批评、意见、建议要认真听取，及时改进工作，解决问题。对恶意攻击、炒作放大个别问题影响脱贫攻坚工作大局的，要坚决依法制止。

同志们！脱贫攻坚工作艰苦卓绝，收官之年又遭遇疫情影响，各项工作任务更重、要求更高。我们要不忘初心、牢记使命，坚定信心、顽强奋斗，夺取脱贫攻坚战全面胜利，坚决完成这项对中华民族、对人类都具有重大意义的伟业！

（新华社北京3月6日电）

（《人民日报》2020年03月07日02版）

# 兑现向人民向历史作出的庄严承诺

## ——写在中国共产党成立 99 周年之际

任理轩

习近平总书记强调："到 2020 年全面建成小康社会，实现第一个百年奋斗目标，是我们党向人民、向历史作出的庄严承诺。"经过党和人民接力奋斗，我们迎来了全面建成小康社会决战决胜的历史时刻，中华民族千百年来的期盼即将变成现实。全面建成小康社会，见证着我们党的初心使命、性质宗旨、理想信念、奋斗目标、执政能力和领导水平，是我们党团结带领人民实现中华民族伟大复兴中国梦的关键一步。

### 全面建成小康社会铸就中华民族伟大复兴的重要里程碑

在历史长河中，总有一些标志性事件凝结着人类的光荣与梦想、昭示着历史前进的方向，成为一个民族发展、人类社会进步的里程碑。全面建成小康社会，就是中华民族发展史、人类社会进步史上的一座重要里程碑。

自古以来，“小康”寄托着中国人民对美好生活的向往与追求。但几千年来，包括在历史上的“盛世”，中国的劳动人民一直无法过上“乐岁终身饱，凶年免于死亡”的生活。以直接关系人们温饱的粮食生产为例，在春秋战国后的2000多年间，尽管我国粮食单产和总产都有一定程度增长，但人均粮食占有量和农民生活始终处于较低水平。清朝康熙皇帝曾说：“地亩见有定数，而户口渐增，偶遇岁歉，艰食可虞。”根据学者们的研究，按照当时的粮食亩产量，人均占有耕地4亩才能维持基本生活。但在乾隆五十五年（1790年），全国人均耕地只有3亩。近代以后，西方列强入侵、军阀混战，更使中国人民陷入苦难的深渊。新中国成立以前，缺吃少穿、生活艰难长期困扰着中国人民，温饱都无法实现，“小康”只能是一个遥远的梦想。

“人民对美好生活的向往，就是我们的奋斗目标。”新中国成立后特别是改革开放以来，中国共产党人秉持为中国人民谋幸福、为中华民族谋复兴的初心和使命，始终与人民想在一起、苦在一起、干在一起，始终紧紧聚焦“小康”目标，一茬接着一茬干、一棒接着一棒跑。党的十八大以来，以习近平同志为核心的党中央把全面建成小康社会放在“四个全面”战略布局的首位，把脱贫攻坚作为全面建成小康社会的底线任务和标志性指标，吹响了决战决胜的冲锋号。2019年，我国经济总量接近100万亿元，稳居世界第二，人均GDP超过1万美元；居民恩格尔系数下降到

28.2%，居民消费结构加快从生存型向发展型进而向享受型转变；贫困人口数量减少到551万人，并将在今年实现农村贫困人口全部脱贫。与此同时，就业、教育、医疗、住房、养老、社保等民生福祉持续改善。14亿中国人民即将普遍过上殷实宽裕的生活，这无疑是中华民族发展史上亘古未有的伟大跨越。

全面建成小康社会不仅让中国人民过上全面小康生活，还会大大提升人类社会整体发展水平。根据国际货币基金组织统计，2019年共有70个国家和地区人均GDP超过1万美元，包括中国14亿人口在内，总数约为29亿人。正是中国全面建成小康社会的不懈努力，使人均GDP超过1万美元的经济体人口数量翻了将近一番。同时，中国的人类发展指数大幅提高。在1990年处于低人类发展水平组别的47个国家中，中国是目前唯一跻身高人类发展水平组的国家。14亿人口的大国从低人类发展水平跃升至高人类发展水平，这无疑是中国对人类社会发展的伟大贡献。

目前，世界上有200多个国家和地区，大多数属于发展中国家和地区，仍有大量人口处于绝对贫困之中。中国全面建成小康社会，将提前10年实现联合国2030年可持续发展议程的减贫目标。我们党把脱贫攻坚作为全面建成小康社会必须完成的硬任务，实施精准扶贫精准脱贫基本方略，坚持因人因地施策、因贫困原因施策、因贫困类型施策，做到对症下药、靶向治疗；推动形成专项扶贫、行业扶贫、社会扶贫等多方力量多种举措有机结合互为支撑的“三位一体”大扶贫格局；坚持把扶贫同扶志、扶智结合起来，引导贫困群众树立“宁愿苦干、不愿苦熬”的观念，激发贫困群众内生动力……当代中国脱贫攻坚的伟大实践，不仅将使中国历史性地解决绝对贫困问题、在共同富裕道路上迈出坚实一步，也极大丰富了人类反贫困理论、拓展了人类反贫困实践，为世界上仍然处于贫困之中的人民追求富裕安康的生活贡献了中国智慧和中国方案。

全面建成小康社会，是中国共产党带领中国人民创造的经济快速发展和社会长期稳定“两大奇迹”的集中体现。全面建成小康社会，直接表现为人民生活水平和质量普遍提高，背后则是中国综合国力、科技实力、国防实力、文化影响力、国际影响力的显著提升，使我们比历史上任何时期都更接近、更有信心和能力实现中华民族伟大复兴的目标。

## 全面建成小康社会彰显我们党坚持以人民为中心的发展思想

习近平总书记指出：“中国共产党根基在人民、血脉在人民。党团结带领人民进行革命、建设、改革，根本目的就是为了让人民过上好日子，无论面临多大挑战和压力，无论付出多大牺牲和代价，这一点都始终不渝、毫不动摇。”党的十八大以来，习近平总书记提出精准扶贫精准脱贫基本方略，亲自挂帅出征、驰而不息推进，走遍全国集中连片特困地区，多次召开专题座谈会，分析形势任务，作出工作部署。在以习近平同志为核心的党中央坚强领导下，我国贫困人口从2012年底的9899万人减少到2019年底的551万人，连续7年每年减贫1000万人以上，并将在今年彻底消除绝对贫困。世界上没有哪个政党能像中国共产党这样，以这么强的意志、这么快的速度、这么大的力度帮助这么多人摆脱贫困、过上幸福安康的生活。全面建成小康社会，坚持一切为了人民、一切依靠人民、惠及全体人民，是以人民为中心集中而鲜明的体现。

全面建成小康社会坚持一切为了人民。习近平总书记强调："中国共产党把为民办事、为民造福作为最重要的政绩，把为老百姓做了多少好事实事作为检验政绩的重要标准。""我们党员干部都要有这样一个意识：只要还有一家一户乃至一个人没有解决基本生活问题，我们就不能安之若素；只要群众对幸福生活的憧憬还没有变成现实，我们就要毫不懈怠团结带领群众一起奋斗。"这些重要论述，深刻阐明了党员干部必须做到一切为了人民，把人民立场作为根本立场，把全心全意为人民服务作为根本宗旨，把最广大人民根本利益作为我们一切工作的根本出发点和落脚点，树立正确的权力观、政绩观、事业观，不慕虚荣，不务虚功，不图虚名，高质量打赢脱贫攻坚战，确保全面建成小康社会圆满收官。

全面建成小康社会坚持一切依靠人民。习近平总书记指出：

“人民是共和国的坚实根基，人民是我们执政的最大底气。一路走来，中国人民自力更生、艰苦奋斗，创造了举世瞩目的中国奇迹。”全面建成小康社会取得的伟大成就，不是天上掉下来的，更不是别人恩赐施舍的，而是全党全国各族人民用勤劳、智慧、勇气干出来的。新中国成立 70 多年来我们在实现国家富强、民族振兴、人民幸福伟大征程上的凯歌行进，特别是改革开放 40 多年来铸就的人间奇迹，充分证明人民是历史的创造者、人民是顶天立地的真正英雄。我们一切成就的取得，都离不开人民积极性主动性创造性的充分发挥，都离不开全体人民磅礴力量的凝聚激发。全面建成小康社会，就是我们党带领人民共建美好家园、共享幸福生活的生动实践。

全面建成小康社会坚持惠及全体人民。习近平总书记强调：“我们伟大的发展成就由人民创造，应该由人民共享。”“小康不小康，关键看老乡。”“全面小康路上一个不能少，脱贫致富一个不能落下。”“全面建成小康社会，一个民族不能少”。全面建成小康社会，目的在于不断满足人民日益增长的美好生活需要，不断实现幼有所育、学有所教、劳有所得、病有所医、老有所养、住有所居、弱有所扶，不断增强人民的获得感幸福感安全感。全面小康覆盖的领域要全面、覆盖的人口要全面、覆盖的区域要全面，是惠及全体人民的小康。我们不能一边宣布全面建成了小康社会，另一边还有几千万人口的生活水平处在扶贫标准线以下。

党中央提出坚决打赢脱贫攻坚战，确保到2020年我国现行标准下农村贫困人口实现脱贫，贫困县全部摘帽，解决区域性整体贫困，为的就是让全体人民一个不少都能过上全面小康的生活。

一个政党如何回答“我是谁、为了谁、依靠谁”这一根本问题，体现其根本立场，也决定其奋斗目标。这一根本问题解决好了，就能自觉在历史前进的逻辑中前进，在时代发展的潮流中发展。以人民为中心是我们党对这一根本问题的回答，我们党始终把人民放在心中最高位置，永远把人民对美好生活的向往作为奋斗目标。全面建成小康社会是一代又一代中国共产党人为之奋斗的目标，支撑其一以贯之坚持不懈的强大动力，就是根植于我们党初心使命中的人民立场。

### 全面建成小康社会展现党的坚强领导核心作用

全面建成小康社会，从改革开放之初提出“小康”目标开始算只用了40多年时间，从新中国成立开始算也只有70多年时间。在几十年时间里带领中国人民走完发达国家几百年走过的工业化历程，创造世所罕见的经济快速发展奇迹和社会长期稳定奇迹，全面建成小康社会，这是中国共产党执政成就和国家治理成效的重大标志。

回望改革开放40多年来披荆斩棘、波澜壮阔的历程，我们更能深刻体悟党的坚强领导核心作用。

科学擘画全面建成小康社会宏伟蓝图。改革开放以来，我们党坚持以人民为中心，不断深化对“小康”的认识。从 1979 年邓小平同志提出“小康的状态”、党的十三大提出“人民生活达到小康水平”，到党的十六大提出“全面建设小康社会”、党的十八大提出“全面建成小康社会”，“小康”的标准不断提升、内涵不断拓展、要求不断提高；从党的十二大提出“两步走”战略部署、党的十三大制定“三步走”发展战略，到党的十五大提出“新三步走”发展战略和“两个一百年”奋斗目标，再到党的十九大提出新时代中国特色社会主义发展的战略安排，全面建成小康社会乃至全面建成社会主义现代化强国的战略步骤日益明确、战略路径日益清晰、战略规划日益完备。

艰辛开拓全面建成小康社会正确道路。我们党在改革开放之初提出“小康”目标时，我国的底子非常薄：1978 年国内生产总值只有 3679 亿元、人均国内生产总值只有 385 元，科技水平同先进国家相比落后几十年，而且存在人口多、人均资源少的突出矛盾。要在这样的条件下实现“小康”，必须闯出一条新路。如何闯出一条新路？改革开放！实践证明，改革开放是全面建成小康社会的强大动力，中国特色社会主义道路是全面建成小康社会的正确道路。全面建成小康社会，始终与中国特色社会主义紧密联系在一起；只有坚持走中国特色社会主义道路，才能全面建成小康社会，才能实现中华民族伟大复兴。

有力引领全面建成小康社会破浪前行。改革开放40多年来，我们党面临的国内外环境异常复杂，改革发展稳定的任务十分繁重。在党的坚强领导下，社会主义市场经济体制从逐步建立到加快完善，极大调动了亿万人民的积极性，极大促进了生产力发展，极大增强了党和国家的生机活力，极大推动了全面建成小康社会进程。我国积极参与经济全球化，以开放促改革促发展，为全面建成小康社会营造了良好外部环境。我们党带领人民从封闭半封闭走向全方位开放，深度参与经济全球化和全球经济治理，在游泳中学会游泳，在与经济全球化相联系而不是相脱离的进程中全面建成小康社会。这些都充分彰显了我们党的巨大政治勇气、理论勇气、实践勇气，充分彰显了我们党对时代潮流的深刻洞察、对历史发展规律的深刻把握，充分彰显了我们党强大执政能力和高超领导水平。

在党中央坚强领导下，广大党员干部把初心和使命转化为锐意进取、开拓创新的精气神和埋头苦干、真抓实干的原动力。“太行山上的新愚公”李保国用35年的坚守与付出，让10多万山区人民摆脱世代贫困；贵州大山里的老支书黄大发兑现“水过不去、拿命来铺”的誓言，带领群众抹去了祖祖辈辈“一年四季包谷沙，过年才有米汤喝”的饥饿记忆……为了把党中央决策部署落到实处、让人民过上好日子，广大党员干部谱写出一曲曲感天动地的奋斗之歌。

今年是决战决胜脱贫攻坚和全面建成小康社会的收官之年。越是到收官阶段，越不能停顿、不能大意、不能放松。应当看到，我国发展面临的风险挑战上升，再叠加新冠肺炎疫情影响，做好经济社会发展工作难度更大。我们要面对世界经济深度衰退、国际贸易和投资大幅萎缩、国际金融市场动荡、经济全球化遭遇逆流、一些国家保护主义和单边主义盛行、地缘政治风险上升等不利局面，必须在一个更加不稳定不确定的世界中谋求我国发展。

形势越是严峻复杂，越要充分发挥党的领导核心作用。只有这样，才能有效应对重大挑战、抵御重大风险、克服重大阻力、解决重大矛盾。广大党员干部必须不断增强“四个意识”、坚定“四个自信”、做到“两个维护”，坚决贯彻落实习近平总书记重要讲话、重要指示精神和党中央决策部署，统筹推进疫情防控和经济社会发展工作，尽锐出战、善作善成。要胸怀中华民族伟大复兴的战略全局和世界百年未有之大变局这“两个大局”，咬定目标、真抓实干。在科学评估进展状况的基础上，对全面建成小康社会存在的突出短板和必须完成的硬任务进行认真梳理，集中优势兵力打歼灭战，全面完成脱贫攻坚任务，解决好重点地区环境污染突出问题，加快推进民生领域工作，健全社保兜底保障机制，确保全面建成小康社会得到人民认可、经得起历史检验。

中国共产党立志于中华民族千秋伟业。习近平总书记强调：“我们就要取得决胜全面建成小康社会、实现第一个百年奋斗目标的伟大胜利。这是不屈不挠、长期奋斗的果实，更是启航新征程、扬帆再出发的动员。”全面建成小康社会不是终点，而是新生活、新奋斗的起点。我们既要为全面建成小康社会跑好“最后一公里”，又要乘势而上开启全面建设社会主义现代化国家新征程，实现“两个一百年”奋斗目标有机衔接。这是恢弘壮丽的新征程，又是任重道远的新征程！摆在全党全国各族人民面前的使命更光荣、任务更艰巨、挑战更严峻、工作更伟大。我们必须始终牢记初心使命，把我们党建设好建设强，以党的伟大自我革命引领伟大社会革命，团结带领中国人民不断书写中华民族伟大复兴的新篇章。

（《人民日报》2020 年 06 月 30 日 01 版）

# 上编　决胜全面小康 决战脱贫攻坚

# 实现中华民族伟大复兴中国梦的关键一步

## ——深入学习贯彻习近平总书记关于全面建成小康社会的重要论述

北京市习近平新时代中国特色社会主义思想研究中心

全面建成小康社会是“两个一百年”奋斗目标的第一个百年奋斗目标，是实现中华民族伟大复兴中国梦的关键一步。全面建成小康社会进入决战决胜阶段，深入学习贯彻习近平总书记关于全面建成小康社会的重要论述，对于战胜各种艰难险阻，坚忍不拔向着既定目标前进，奋力夺取全面建成小康社会、决战脱贫攻坚的伟大胜利具有重大而深远的意义。

### 中国人民的共同期盼

全面建成小康社会是我们党向人民、向历史作出的庄严承诺，是 14 亿中国人民的共同期盼。中国共产党人的初心和使命，就是为中国人民谋幸福，为中华民族谋复兴。在不同历史时期，我们党都根据人民意愿和事业发展需要，提出富有感召力的奋斗目标，团结带领人民共同奋斗。

改革开放之初，邓小平同志首先用小康来诠释中国现代化，明确提出到20世纪末“在中国建立一个小康社会”的奋斗目标。党的十二大正式提出到20世纪末要使人民生活达到小康水平。党的十三大提出经济建设“三步走”战略。党的十五大把“三步走”战略进一步具体化。经过不懈努力，到20世纪末，我国胜利实现“三步走”战略的前两步目标。党的十六大作出“人民生活总体上达到小康水平”的判断，并把全面建设小康社会作为到2020年的奋斗目标，要求在本世纪头20年集中力量，全面建设惠及十几亿人口的更高水平的小康社会。在党的十六大以后10年发展成就的基础上，党的十八大明确提出全面建成小康社会的新目标，作出新部署。

党的十八大以来，以习近平同志为核心的党中央把全面建成小康社会纳入“四个全面”战略布局，并居于引领位置。坚持以人民为中心的发展思想，提出并深入贯彻创新、协调、绿色、开放、共享的新发展理念，统筹推进“五位一体”总体布局、协调推进“四个全面”战略布局，着力引领经济高质量发展，深化供给侧结构性改革，奋力打赢脱贫攻坚这场硬仗，加强美丽中国建设，解决发展不平衡、不协调、不可持续等问题，朝着全面建成小康社会的目标扎实迈进。

在党的十八大以来党和国家取得历史性成就、发生历史性变革的基础上，党的十九大提出全面建成小康社会决胜期的奋斗目标，要求全党在“两个一百年”奋斗目标的历史交汇期，既全面建成小康社会、实现第一个百年奋斗目标，又乘势而上开启全面建设社会主义现代化国家新征程，向第二个百年奋斗目标进军。

### 全面建成小康社会更重要更难做到的是“全面”

习近平总书记指出：“全面建成小康社会，强调的不仅是‘小康’，而且更重要的也是更难做到的是‘全面’。”强调“全面”，集中体现了习近平总书记对全面建成小康社会的系统思考和整体谋划。

全面小康是“五位一体”全面进步的小康。全面小康覆盖的领域要全面，是“五位一体”全面进步。在以经济建设为中心的同时，全面推进经济建设、政治建设、文化建设、社会建设、生态文明建设，促进我国社会主义现代化建设各个环节、各个方面协调发展，就能更好推动经济更加发展、民主更加健全、科教更加进步、文化更加繁荣、社会更加和谐、人民生活更加殷实。

全面小康是惠及全体人民的小康。全面小康覆盖的人口要全面，是惠及全体人民的小康。民生问题是影响实现全面建成小康社会目标的突出因素，发展不全面的问题很大程度上也表现在不同社会群体的民生保障方面。解决这些问题，需要按照人人参与、人人尽力、人人享有的要求，坚守底线、突出重点、完善制度、引导预期，注重机会公平，持续加大保障和改善民生力度，不断提高人民生活水平，实现全体人民共同迈入全面小康社会。

全面小康是城乡区域共同的小康。全面小康覆盖的区域要全面，是城乡区域共同的小康。努力缩小城乡区域发展差距，是全面建成小康社会的一项重要任务。缩小城乡区域发展差距，不仅要缩小国内生产总值总量和增长速度的差距，而且要缩小居民收入水平、基础设施通达水平、基本公共服务均等化水平、人民生活水平等方面的差距。

必须清楚地认识到，我国幅员辽阔，各地发展差距较大，生产力发展水平层次多，不可能实现同一水平小康。全面建成小康社会是就全国而言的，而不是每个地区、每个人都达到同一水平。如期全面建成小康社会，要求既坚持一定标准，又防止好高骛远；既紧盯 2020 年这一重要时间节点，又立足于打基础、谋长远、见成效。

### 打好决胜全面建成小康社会三大攻坚战

关于全面建成小康社会，习近平总书记指出："这个时跨本世纪头 20 年的奋斗历程到了需要一鼓作气向终点线冲刺的历史时刻。"党的十九大对决胜全面建成小康社会作出明确规划和部署，强调突出抓重点、补短板、强弱项，特别是坚决打好防范化解重大风险、精准脱贫、污染防治三大攻坚战。

习近平总书记强调，预判风险所在是防范风险的前提，把握风险走向是谋求战略主动的关键。全面建成小康社会的决胜阶段，也是改革的关键阶段、问题的显现阶段、矛盾的多发阶段，必须把防风险摆在突出位置，着力破解各种矛盾和问题，坚持标本兼治，注重完善体制机制，防范化解风险。加强风险监测、预警、应急处置能力，有效防范“黑天鹅”“灰犀牛”。防止外部风险演化为内部风险，防止经济金融风险演化为政治社会风险，防止个体风险演化为系统性风险，为全面建成小康社会创造良好环境。

小康不小康，关键看老乡。习近平总书记指出：“如果贫困地区长期贫困，面貌长期得不到改变，群众生活长期得不到明显提高，那就没有体现我国社会主义制度的优越性，那也不是社会主义。”在领导脱贫攻坚的实践中，以习近平同志为核心的党中央明确提出脱贫攻坚的目标任务，这就是到2020年现行标准下的贫困人口全部脱贫、贫困县全部摘帽、解决区域性整体贫困。习近平总书记深刻阐述脱贫攻坚的基本方略，这就是精准扶贫、精准脱贫。习近平总书记科学指引脱贫攻坚的前进方向，在脱贫攻坚初期，强调打赢脱贫攻坚战的重要性、紧迫性、艰巨性，加强顶层设计，提供制度保障；在脱贫攻坚中期，要求集中力量攻克深度贫困堡垒，解决“两不愁三保障”突出问题，加强作风建设和能力建设，力戒形式主义、官僚主义，防止数字脱贫、虚假脱贫；在脱贫攻坚后期，强调防止脱贫摘帽后松劲懈怠，做到摘帽不摘责任、不摘政策、不摘帮扶、不摘监管，把巩固脱贫成果、防止返贫摆到更加重要位置。

环境污染是民生之患、民心之痛，保护生态环境事关全面建成小康社会和中华民族永续发展。习近平总书记指出：“良好生态环境是全面建成小康社会的重要体现，是人民群众的共有财富”。打好污染防治攻坚战，要求我们正确处理好经济发展同生态环境保护的关系，牢固树立保护生态环境就是保护生产力、改善生态环境就是发展生产力的理念，更加自觉地推动绿色发展、循环发展、低碳发展，决不以牺牲环境为代价去换取一时的经济增长。

## 中华民族伟大复兴征程上的重要里程碑

如期全面建成小康社会，是中华民族伟大复兴征程上的一座重要里程碑，彰显人类社会迈向文明进步繁荣发展的中国智慧和中国贡献。

全面建成小康社会，将实现中华民族发展史上消除绝对贫困的伟大壮举。千百年来，丰衣足食一直是人民群众的追求和愿望。新中国成立后特别是改革开放以来，在中国共产党的坚强领导下，我国逐步启动大规模、有计划、有组织的扶贫开发，创造了举世瞩目的减贫成就。中国特色社会主义进入新时代，习近平总书记把脱贫攻坚摆在治国理政的突出位置，脱贫攻坚力度之大、规模之广、影响之深前所未有。中华民族千百年来存在的绝对贫困问题，将在我们这一代人的手中历史性地得到解决。

全面建成小康社会，将迈出实现中华民族伟大复兴中国梦的关键一步。习近平总书记指出:“实现中华民族伟大复兴的中国梦，就是要实现国家富强、民族振兴、人民幸福”“实现中国梦，第一步是全面建成小康社会。”这些重要论述表明，全面建成小康社会是实现中国梦的阶段性目标，在实现中华民族伟大复兴中国梦中具有重要历史地位。如期全面建成小康社会，对于顺利开启新征程，全面建设社会主义现代化强国具有承上启下的重大意义。

全面建成小康社会，将开辟人类社会走向现代化的崭新道路。习近平总书记指出，实现社会主义现代化和中华民族伟大复兴是坚持和发展中国特色社会主义的总任务，要在全面建成小康社会的基础上，分两步走全面建成社会主义现代化强国；强调“现代化的本质是人的现代化”，要“推进国家治理体系和治理能力现代化”“要在坚持以经济建设为中心的同时，全面推进经济建设、政治建设、文化建设、社会建设、生态文明建设，促进现代化建设各个环节、各个方面协调发展”。如期全面建成小康社会，正是走“中国式的现代化”道路结出的丰硕成果，为人类社会走向现代化贡献了中国智慧和中国方案。

（执笔：黄一兵）

（《人民日报》2020 年 05 月 12 日 09 版）

# 高质量完成脱贫攻坚目标任务

陈　武

党的十八大以来，以习近平同志为核心的党中央把脱贫攻坚摆在治国理政的突出位置，全面打响脱贫攻坚战，取得决定性成就。当前，脱贫攻坚已进入决战时刻，我们要深入学习贯彻习近平总书记关于扶贫工作的重要论述和党中央关于脱贫攻坚的决策部署，不忘初心、牢记使命，坚定信心、迎难而上，以更大决心、更强力度推进脱贫攻坚，夺取脱贫攻坚战全面胜利，确保脱贫成效经得起历史和人民检验。

## 一项对中华民族具有重大意义的伟业

习近平总书记指出："消除贫困、改善民生、逐步实现共同富裕，是社会主义的本质要求，是我们党的重要使命。"脱贫攻坚是一项对中华民族、对整个人类都具有重大意义的伟业。我们要深刻认识夺取脱贫攻坚战全面胜利的深远意义，进一步坚定必胜信心和决心，高质量完成脱贫攻坚目标任务。

到2020年现行标准下的农村贫困人口全部脱贫，是我们党向全国人民作出的郑重承诺。党的十八大以来，以习近平同志为核心的党中央把扶贫开发工作纳入“五位一体”总体布局和“四个全面”战略布局，作为实现第一个百年奋斗目标的重点任务，作出一系列重大部署和安排。习近平总书记多次深入贫困地区调研，2015年以来就打赢脱贫攻坚战主持召开7个专题会议，作出一系列重要指示，为做好脱贫攻坚工作指明了方向。无论国内外形势如何变化，无论碰到什么样的艰难险阻，我们党都没有一丝一毫松懈，而是以最坚决的态度、最有力的行动，把脱贫攻坚各项工作抓紧抓实抓到位。

全面建成小康社会，是14亿中国人民的共同期盼。改革开放40多年来，从提出“建立一个小康社会”，到实现“人民生活总体上达到小康水平”，再到确立全面建成小康社会的奋斗目标，我们党团结带领人民一茬接着一茬干，一棒接着一棒跑，宏伟蓝图即将变成现实。全面建成小康社会，最艰巨最繁重的任务在农村。没有农村的小康，特别是没有贫困地区的小康，就没有全面建成小康社会。完成脱贫攻坚目标，既是全面建成小康社会的重点任务、底线任务，也是标志性指标。我们要一鼓作气、乘势而上，完成剩余任务，确保如期全面建成小康社会。

习近平总书记指出：“让老百姓过上好日子是我们一切工作的出发点和落脚点”。推进脱贫攻坚，为的就是让老百姓都能过上好日子，让所有贫困地区和贫困人口一道进入全面小康社会。经过多年不懈努力，贫困群众的生产生活条件大幅改善，贫困地区公共服务水平明显提升，贫困群众的获得感幸福感安全感与日俱增。然而，剩余脱贫攻坚任务依然艰巨，仍未脱贫人口都是贫中之贫、困中之困，已脱贫人口中还有一些存在返贫风险。唯有再接再厉，啃下最难啃的硬骨头，取得脱贫攻坚全面胜利，才能不断满足人民群众对美好生活的期盼，为社会和谐稳定、国家长治久安打下坚实基础。

## 以科学思维推进脱贫攻坚

脱贫攻坚工作艰苦卓绝，收官之年又遭遇疫情影响，各项工作任务更重、要求更高。习近平总书记对毛南族实现整族脱贫作出重要指示时强调："当前，脱贫攻坚已经到了决战决胜的关键时期，越到紧要关头越要坚定信心、真抓实干。"面对风险挑战增多、矛盾困难叠加的复杂局面，我们要清醒认识和准确把握打赢脱贫攻坚战所面临任务的艰巨性，不断提升贫困治理能力，运用科学思维扎实推进脱贫攻坚，进一步增强各项工作的科学性、预见性、精准性和系统性。

强化战略思维，集聚优势资源，攻克深度贫困堡垒。形势越是纷繁复杂，越要从战略全局观察、思考和处理问题，在解决突出问题中实现战略突破，在把握战略全局中推进各项工作。对于脱贫攻坚任务重的地区来说，脱贫攻坚是头等大事和第一民生工程，要始终聚焦“2020年我国现行标准下农村贫困人口实现脱贫、贫困县全部摘帽、解决区域性整体贫困”这一目标任务，坚持以脱贫攻坚统揽经济社会发展全局。强化战略支撑，对未摘帽贫困县、未出列贫困村实施挂牌督战，传导压力、压实责任，强化对深度贫困地区的资金、项目、政策支持，完善深度极度贫困地区支持政策落实情况定期报告机制。集中精力解决剩下的贫中之贫、困中之困，打好攻坚拔寨的合围战、歼灭战。

强化辩证思维，做到统筹推进，善于危中寻机、化危为机。习近平总书记强调：“要学习掌握唯物辩证法的根本方法，不断增强辩证思维能力，提高驾驭复杂局面、处理复杂问题的本领。”强化辩证思维，就是一分为二，坚持“两点论”和“重点论”的统一。从实践看，新冠肺炎疫情对脱贫攻坚产生了负面影响，但疫情的冲击是短期的、总体上是可控的。当前，经过全国上下艰苦努力，疫情防控阻击战取得重大战略成果。只要我们继续绷紧弦、加把劲，统筹推进疫情防控和脱贫攻坚，坚定不移把党中央决策部署贯彻好落实好，就有条件有能力在危机中育新机，于变局中开新局。这就要求我们着力推动扶贫项目、扶贫企业、扶贫产业尽快复工复产达产，特别是做好农业生产；优先支持贫困劳动力务工就业，通过东西部扶贫协作“点对点”帮助贫困劳动力尽快有序返岗，加大扶贫公益岗位开发力度，吸纳就地就近就业。

同时根据国内外疫情防控新形势调整应对举措，努力把疫情影响降到最低。

强化底线思维，坚持多措并举，补齐短板弱项。坚持底线思维、增强忧患意识，是我们党治国理政的一条重要经验。强化底线思维，就是客观设定最低目标，立足最低点争取最大期望值。稳定实现贫困人口“两不愁三保障”、贫困地区基本公共服务领域主要指标接近全国平均水平，是党中央确立的扶贫标准。当前，贫困群众“两不愁”质量水平明显提升，“三保障”突出问题总体解决，但要稳定住、巩固好，还要在补短板、强弱项上下功夫。要继续加强义务教育保障建设，开展控辍保学专项行动，实现“应助尽助”。进一步强化基本医疗保障，针对疫情暴露的短板，加快完成乡镇卫生院、行政村卫生室标准化业务用房建设和诊疗设备采购任务，统筹医疗费用各项保障制度，减轻贫困人口医疗负担。深化住房安全保障，逐户筛查核实贫困户住房情况，加强危房改造过程和质量管控。抓好饮水安全，进一步改善饮水条件，确保贫困群众都能喝上放心水。

强化创新思维，注重精准施策，努力实现高质量脱贫。习近平总书记强调，脱贫攻坚工作要“创新工作方式”“创新体制机制”。强化创新思维，就是善于因时制宜、开拓进取，在把握事物发展客观规律的基础上，用新的理念、新的方法创造性地开展工作。有效克服新冠肺炎疫情对脱贫攻坚的影响，尤其需要拓宽思路、创新方法、精准施策，充分挖掘新经济、新业态、新模式中蕴藏的机遇。积极探索产业扶持资金支持新型经营主体带动贫困户共同发展的新模式、新举措，促进产业扶持资金投向从生产环节向生产、加工、一二三产业融合并重转变。用好云计算、大数据等新兴技术，强化建档立卡数据摸排核实和比对分析，完善县级脱贫攻坚项目库建设，建立健全财政扶贫资金动态监控机制。创新平台载体，引导社会力量积极参与，开展线上线下“立体营销”，鼓励电商平台开设“扶贫产品馆”，多渠道解决农畜产品价低、卖难问题。

## 以严实作风严密制度确保决战决胜

习近平总书记强调：“脱贫攻坚任务能否高质量完成，关键在人，关键在干部队伍作风。”这就要求我们发扬优良作风，完善体制机制，推动脱贫攻坚各项工作真正落地见效。

加强作风建设，激励广大干部担当作为。越是形势复杂严峻，越需要广大党员、干部勇当先锋、敢打头阵；越是任务艰巨繁重，越需要广大党员、干部主动担当、积极作为。要加强扶贫领域干部队伍作风建设，坚决反对形式主义、官僚主义，减轻基层负担，做好工作、生活、安全等保障，让基层干部心无旁骛地投入到脱贫攻坚工作中去。坚持激励和约束并重，把关心关爱一线干部的各项待遇保障制度落到实处。对存在松懈、厌战思想的干部，及时开展思想教育，决不在最后关头“掉链子”。

完善制度机制，层层压实责任。保持脱贫攻坚政策稳定，需要制定和完善相关体制机制。健全困难群众定期排查、监测预警机制，完善产业、就业帮扶等服务机制，探索相对贫困治理机制，建立相对贫困对象识别、返贫认定、退出认定和动态管理机制，推动低保制度与精准脱贫政策有效衔接。严格落实“双组长”负责制，发挥专责小组作用，通过督促指导、督查暗访等方式，逐级压实责任。对中央专项巡视“回头看”、国家脱贫攻坚成效考核发现的问题，一项一项整改清零、一户一户对账销号，以高质量整改确保高质量打赢脱贫攻坚战。

着眼长远长效，推动脱贫摘帽与乡村振兴有效衔接。习近平总书记强调：“脱贫摘帽不是终点，而是新生活、新奋斗的起点。”这要求我们针对主要矛盾的变化理清思路、提前谋划，推动减贫战略和工作体系平稳转型，统筹纳入乡村振兴战略，建立长短结合、标本兼治的制度。可以选择在已摘帽两年以上并且稳定脱贫的县开展试点，为后续政策衔接、转型积累经验。着眼激发内生动力、实施精准帮扶，探索巩固脱贫成果、解决相对贫困的有效路径，确保贫困群众脱贫之后稳步走上致富之路。

经过不懈努力，广西脱贫攻坚取得重大进展，但面临的任务仍然十分艰巨。我们要以习近平总书记关于扶贫工作的重要论述为指引，深入学习贯彻习近平总书记对毛南族实现整族脱贫的重要指示精神，坚决贯彻落实党中央、国务院决策部署，咬定目标、攻坚克难，全面打赢义务教育、基本医疗、住房安全、饮水安全“四大战役”，持续打好产业扶贫、易地扶贫搬迁、村集体经济、基础设施建设、粤桂扶贫协作“五场硬仗”，以决战决胜之势发起总攻，努力向党中央、向全区人民交上一份满意答卷。

（作者为广西壮族自治区政府主席）

（《人民日报》2020 年 06 月 05 日 09 版）

# 脱贫攻坚越到最后越要加强和改善党的领导

共青团中央中国特色社会主义理论体系研究中心

党的十八大以来，在以习近平同志为核心的党中央坚强领导下，在全党全国全社会共同努力下，我国脱贫攻坚取得前所未有的成就，充分彰显了中国共产党领导和我国社会主义制度的显著政治优势。当前，脱贫攻坚已进入倒计时，迎来最后的决战时刻。习近平总书记强调："脱贫攻坚越到最后越要加强和改善党的领导。"这是对进一步加强党对脱贫攻坚的领导、高质量完成脱贫攻坚目标任务提出的明确要求，为各级党委和政府切实履行责任、夺取脱贫攻坚战全面胜利指明了方向。

## 加强和改善党的领导是打赢脱贫攻坚战的根本保证

习近平总书记指出："脱贫攻坚，加强领导是根本。"加强和改善党的领导，为打赢脱贫攻坚战提供了根本保证。

为打赢脱贫攻坚战提供政治保证。中国共产党领导是中国特色社会主义最本质的特征，是中国特色社会主义制度的最大优势。

习近平总书记强调："要顺利推进新时代中国特色社会主义各项事业，必须完善坚持党的领导的体制机制，更好发挥党的领导这一最大优势"。巨大的扶贫成效，充分展现了我们党强大的组织能力和治理能力，体现了党的领导优势。打赢脱贫攻坚战是当前的重大政治任务。我们要从党和国家事业发展全局出发深刻认识打赢脱贫攻坚战的重要性、紧迫性，不断加强和改善党的领导。各级党委和政府要进一步提高政治站位，强化责任担当，保持定力耐力，夯实群众基础，认清脱贫攻坚战面临的困难和挑战，以问题为导向，抓重点、补短板、强弱项，以"不破楼兰终不还"的精神带领群众全力推进工作，确保全面小康路上一个都不能少。

为打赢脱贫攻坚战提供思想保证。思想是行动的先导。回顾历史，人类社会的每一次重大变革、每一个重大进步，都离不开先进思想的引领。习近平总书记关于脱贫攻坚的重要论述，围绕为什么要脱贫、如何脱贫、如何保证脱贫效果等重大理论和实践问题，提出了一系列新思想新观点新论断，为我们打赢脱贫攻坚战提供了根本遵循。当前，我们要把认真学习贯彻习近平总书记关于脱贫攻坚的重要论述引向深入、落到实处，坚持对标看齐、常学常新、真学真用，坚定夺取脱贫攻坚战全面胜利的信心和决心。

为打赢脱贫攻坚战提供组织保证。党的领导体现在党的理论和路线方针政策上，体现在党的执政能力和领导水平上，同时也体现在党的严密组织体系和强大组织能力上。习近平总书记指出：“做好扶贫开发工作，基层是基础。要把扶贫开发同基层组织建设有机结合起来。”“真正把基层党组织建设成带领群众脱贫致富的坚强战斗堡垒。”基层党组织能否发挥领导核心作用，直接关系脱贫攻坚的成效。我们要把夯实农村基层党组织同脱贫攻坚有机结合起来，进一步发挥农村基层党组织在打赢脱贫攻坚战中的战斗堡垒作用。

为打赢脱贫攻坚战提供作风保证。习近平总书记指出：“脱贫攻坚任务能否高质量完成，关键在人，关键在干部队伍作风。”我们要充分认识优良作风对于打赢脱贫攻坚战的重要作用，把监督执纪挺在前面，大力治理脱贫攻坚中的形式主义、官僚主义和腐败行为，对“数字脱贫”“盆景脱贫”“算账脱贫”等现象采取“零容忍”态度。各级领导干部要发扬求真务实的工作作风，力戒急功近利和虚假政绩心理，在研究制定扶贫政策时大力开展调查研究，以扎实的工作作风推进脱贫攻坚工作。

为打赢脱贫攻坚战提供制度保证。党在脱贫攻坚中的领导还体现在构建科学完备的制度体系方面。党的十八大以来，我们加强党对脱贫攻坚工作的全面领导，建立起了各负其责、各司其职的责任体系，精准识别、精准脱贫的工作体系，上下联动、统一协调的政策体系，保障资金、强化人力的投入体系，因地制宜、因村因户因人施策的帮扶体系，广泛参与、合力攻坚的社会动员体系，多渠道全方位的监督体系和最严格的考核评估体系。这套制度体系，为脱贫攻坚提供了有力制度保障。当前，随着离脱贫攻坚目标实现期限越来越近，我们还要重点做好那些尚未脱贫或因病因伤因疫情返贫群众的脱贫工作，加快完善低保、医保、医疗救助等相关扶持和保障措施，加快建立防止返贫监测和帮扶机制，用制度体系保障贫困群众真脱贫、稳脱贫。

### 决战脱贫攻坚必须加强和改善党的领导

坚持党对脱贫攻坚的领导，是党的十八大以来我国脱贫攻坚取得决定性成就的重要经验。当前，脱贫攻坚已进入最后总攻阶段，我们要夺取脱贫攻坚战全面胜利，更需要加强和改善党的领导。

脱贫攻坚面临的困难和挑战对加强和改善党的领导提出了新要求。当前，脱贫攻坚取得决定性成就，但也要看到，从决定性成就到全面胜利，面临的困难和挑战依然繁重。主要表现在：剩余脱贫攻坚任务还很艰巨，巩固脱贫成果的难度还很大，部分贫困群众依然存在发展内生动力不足等问题，加之收官之年又遭遇新冠肺炎疫情影响，给贫困人口外出务工、扶贫产品销售、扶贫产业发展、帮扶工作开展带来了极大挑战，脱贫攻坚工作需要进一步加强。脱贫攻坚领域出现的各种困难和挑战，对加强和改善党的领导提出了更高要求。各级党组织必须进一步提高政治站位，扛起脱贫攻坚的政治责任；进一步提升领导水平，不断破解难题，妥善应对挑战；进一步组织精干力量，以更加饱满的精神状态投入脱贫攻坚收官战；进一步完善政策，确保如期完成脱贫攻坚目标任务，确保不反弹、稳得住。

高质量完成脱贫攻坚目标任务需要发挥党的领导核心作用。历史经验表明，越是在历史发展的紧要关头，越是在纷繁复杂的形势下，越要加强和改善党的领导，充分发挥党总揽全局、协调各方的领导核心作用。这是我们党带领全国人民战胜各种艰难险阻、不断取得一个又一个胜利的秘诀。脱贫攻坚是一项任务量大、涉及面广的系统工程。高质量完成脱贫攻坚目标任务，需要发挥党总揽全局、协调各方的领导核心作用，既要把方向、谋大局、定政策，也要统筹协调各方力量，精准把握脱贫攻坚战的总趋势，不断提升脱贫攻坚的动员能力和组织协调能力，凝聚起决战决胜脱贫攻坚的强大合力。

落实脱贫攻坚责任是对党员领导干部的新考验。推进脱贫攻坚，重在责任落实。为打赢脱贫攻坚战，各省区市都层层签订了脱贫攻坚责任书，签下军令状。习近平总书记指出："承诺了就要兑现。时间一晃就过去了，上上下下必须把工作抓得很紧很紧。"这对各级党委和政府夯实责任、狠抓落实提出了要求。从总体上看，各级党委和政府贯彻落实中央脱贫攻坚决策部署的情况是好的，但也存在一些不容忽视的问题。比如，一些地方出现了工作重点转移、投入力度下降、干部精力分散的现象；形式主义、官僚主义屡禁不止，数字脱贫、虚假脱贫仍有发生，个别地区“一发了之”“一股了之”“一分了之”问题仍未得到有效解决。各级党委和政府唯有把责任扛在肩上，层层压实责任，级级传导压力，真正做到责任到人、任务上肩，把各项工作做细做实做好，才能确保中央各项决策部署不折不扣落到实处，最终夺取脱贫攻坚战全面胜利。

### 加强和改善党的领导需要充分发挥人民群众主体作用

习近平总书记指出：“脱贫攻坚是干出来的，靠的是广大干部群众齐心干。”脱贫攻坚原本就是一场硬仗，突如其来的新冠肺炎疫情又给这场硬仗带来了新的挑战。只有把加强和改善党的领导与充分发挥人民群众主体作用有机结合起来，才能汇聚起脱贫攻坚强大合力，打赢脱贫攻坚这场硬仗。

加强思想引导，激发贫困地区脱贫致富的内生动力。脱贫攻坚，思想要先行。摆脱贫困既要摆脱物质的贫困，更要摆脱意识和思路的贫困。在脱贫奔小康的道路上，也有部分贫困群众存在“等靠要”的思想。这就需要我们从思想引导入手，扶贫先扶志，做好贫困地区群众的宣传、教育工作，激发贫困群众主动脱贫的意识，通过党的领导激发贫困地区脱贫致富的内生动力，将党的领导落实到贫困群众的实际行动中。

注重组织动员，发挥群众的积极性主动性创造性。贫困群众是脱贫攻坚的对象，更是脱贫致富的主体。党和政府帮助贫困群众致富，并不等于大包大揽。发动群众积极参与，才是打赢脱贫攻坚战的关键。幸福不会从天降，必须组织群众积极投身到脱贫攻坚中来。地方各级党组织要充分发挥本地优势，在充分尊重群众意愿的基础上，紧紧围绕贫困群众的需求，选择合适的扶贫产业和项目。同时，积极支持贫困群众探索创新扶贫方式方法。

增强“造血”功能，提高贫困地区和贫困群众的自我发展能力。习近平总书记指出，对于贫困地区来说，外力帮扶非常重要，但如果自身不努力、不作为，即使外力帮扶再大，也难以有效发挥作用。外力帮扶不是简单的“输血”，而是要以帮扶为手段来增强贫困地区和贫困群众的“造血”功能，提高贫困群众的自我发展能力。“输血”是基本保障，“造血”才是长久之计。这对党的领导无疑提出新的更高要求，必须因地制宜，充分发挥政治优势和制度优势，落实好各项工作责任制和工作机制。

（执笔：王炳林　于　昆）

（《人民日报》2020 年 06 月 12 日 09 版）

# 强担当　扬优势　确保脱贫攻坚决战决胜

郑科扬

今年3月6日，习近平总书记出席决战决胜脱贫攻坚座谈会并发表重要讲话，动员全党全国全社会在齐心协力战疫情的同时，以更大决心、更强力度推进脱贫攻坚，确保如期完成脱贫攻坚目标任务，确保全面建成小康社会。当前，决战决胜脱贫攻坚正扎实有序向前推进，广大党员干部要牢记初心、勇担使命，在自己的岗位上用出色的工作和斗争去迎接这场重大挑战和严峻考验。

## 提升决战意识，强化政治担当

习近平总书记指出："新时期脱贫攻坚的目标，集中到一点，就是到二〇二〇年实现'两个确保'：确保农村贫困人口实现脱贫，确保贫困县全部脱贫摘帽……党中央在这个问题上是下了决心的。全党同志务必把思想和行动统一到党中央决策部署上来"。同心才能同德，同德才能同行。人心齐，泰山移。上世纪80年代以来，从持续开展大规模扶贫开发，发展到现在举国推进脱贫攻坚，我们取得的成就令世界瞩目。党的十八大以来，以习近平同志为核心的党中央在统领党和国家事业全局时，一直把脱贫攻坚工作紧紧抓在手里。习近平总书记科学谋划推动面上工作发展，紧扣重点、难点持续进行专题调研，亲自深入边远贫困地区、深度贫困乡村了解民心民意。经过不懈奋斗，到今年 2 月底，原来 832 个贫困县，只有 52 个尚未摘帽。贫困人口从 2012 年年底的 9899 万人减到 2019 年年底的 551 万人，贫困发生率由 10.2% 降至 0.6%，连续 7 年每年减贫 1000 万人以上。农村贫困群体的人均可支配收入大幅提升，长期困扰贫困地区群众的出行难、用电难、上学难、看病难、通信难等老大难问题普遍得到解决，住房安全有了保证。贫困地区的特色产业发展壮大，经济活力日益增强，生态环境也明显改善。正如习近平总书记指出的："总的看，我们在脱贫攻坚领域取得了前所未有的成就"。

"行百里者半九十"。在脱贫攻坚决战决胜的关键时刻，重温习近平总书记关于脱贫攻坚系列重要论述，将帮助我们深化对打赢脱贫攻坚战重大意义的认识，激励我们更加自觉地"把脱贫职责扛在肩上，把脱贫任务抓在手上，拿出'敢教日月换新天'的气概，鼓起'不破楼兰终不还'的劲头，攻坚克难，乘势前进"。

我国反贫困斗争的成就，展示了贫困地区、贫困人口发生的历史性变化和前所未有的进步，是我们党领导人民坚持和发展中国特色社会主义的奇迹，尽管决战还在继续，但其意义之大、分量之重、传播之广、影响之深必将光耀史册。

第一，消除贫困、改善民生、逐步实现共同富裕，是社会主义的本质要求，是我们党的重要使命。中国特色社会主义根本不同于资本主义之处就在于，我们的发展是在不断解放发展生产力的同时，推动生产关系与生产力发展相适应，逐步消灭贫困，消除两极分化，实现全体人民共同富裕。为此，我们坚持以人民为中心的发展思想，努力做到统筹兼顾，坚持全面协调可持续发展，在这一进程中一步一步消除贫困，让贫困地区一处不落、贫困人口一人不落地同全国人民一道进入小康社会。中国建设的小康是全面小康，是惠及全体人民的小康，所有贫困地区和贫困人口脱贫是全面建成小康社会的基本标志。在这样的小康社会里，原来的贫困地区有了新产业、新市场、新需求，反过来就为整个国民经济优化结构、高质量转型升级，向全面建成社会主义现代化强国宏伟目标前进，提供了新的有利条件。

第二，反贫困是古今中外治国理政的一件大事。治好国理好政，必须懂得“民惟邦本，本固邦宁”。我们坚持以人民为中心，既治贫又治愚，既扶贫又扶智。习近平总书记深刻指出：“中国共产党在中国执政就是要为民造福，而只有做到为民造福，我们党的执政基础才能坚如磐石。”新中国成立以来，我们党领导人民持续向贫困宣战，改革开放以来大规模进行扶贫开发，党的十八大以来以习近平同志为核心的党中央把脱贫攻坚工作纳入

“五位一体”总体布局和“四个全面”战略布局，治国理政有力有效，引领国家闯出了一条成功脱贫、走向共同富裕的好路子。

第三，我们在扶贫脱贫方面取得的成就和经验，为全球减贫事业贡献了中国智慧和中国方案。消除贫困是当今世界面临的最大全球性挑战。中国改革开放40多年来，实现7亿多贫困人口摆脱绝对贫困，创造了人类减贫史上的奇迹。今年脱贫攻坚任务完成后，我国将提前10年实现联合国2030年可持续发展议程的减贫目标。中国的扶贫脱贫成就是对世界反贫困事业的重大贡献，中国解决贫困问题的经验也成为世界各国特别是发展中国家可以借鉴的中国智慧和中国方案。我们党治国理政的全部工作坚持以人民为中心，处理国际关系和对外开放也坚持以人民为中心。我们倡导和推动构建人类命运共同体，推动共建“一带一路”，坚持走合作共赢、共同发展的路子，就包括为消除贫困而斗争的国家和人民提供支持，是对世界反贫困斗争事业的支持。

总之，打赢脱贫攻坚战，是我们党不忘初心、牢记使命的必然要求，是当代中国共产党人的历史担当和时代使命，是我们强国兴党、造福人民的责任和义务所在。

## 再接再厉，乘势而进，用好我们的宝贵优势

一场伟大斗争越是临近最终胜利的时刻，也越是工作艰苦卓绝的时刻。习近平总书记指出，脱贫攻坚战不是轻轻松松一冲锋

就能打赢的。在决战决胜脱贫攻坚座谈会上，习近平总书记再次强调这句话，并要求高度重视打赢脱贫攻坚战面临的困难挑战。脱贫攻坚决战决胜的艰巨复杂何在？在于最后剩下的贫困地方、贫困人口虽然同过去相比总量不算大，但都是贫中之贫、困中之困，是最难啃、必须啃下来的硬骨头；已脱贫人口中有近200万人存在返贫风险，边缘人口中还有近300万人存在致贫风险，巩固脱贫成果难度很大；再加上新冠肺炎疫情带来新的挑战，对脱贫攻坚和全局工作的影响都不轻；世界形势和国际格局大调整大变化加快，外部环境趋紧，不确定因素增多，我们面临的压力加大。当前，我们要努力在危机中育新机、于变局中开新局，就要珍惜好、利用好、发挥好我们的宝贵优势，使之转化成无攻不克、无坚不摧的强大力量。

我们有以习近平同志为核心的党中央坚强领导。新时代新的伟大斗争让人民群众更加感受到以习近平同志为核心的党中央为民亲民的深厚情怀，兴党强国的历史担当，驾驭形势、统揽全局、协调各方的领导艺术，应对挑战、指挥若定的政治魄力，清正廉洁、求真务实的高尚政德。正因为有以习近平同志为核心的党中央坚强领导，所以我们党能够在新时代伟大斗争中凝聚全党全国人民的智慧和力量，去完成许多难以完成的艰巨任务；能够在新的伟大斗争中始终保持并不断增强全党的大团结、全国人民的大团结，去坚持和发展中国特色社会主义。在当前决胜全面建成小康社会、决战脱贫攻坚实践中，这一优势展现得尤其生动、充分。

我们有马克思主义中国化最新成果作为思想武器和行动指针。习近平新时代中国特色社会主义思想与马克思列宁主义、毛泽东思想、邓小平理论、“三个代表”重要思想、科学发展观一脉相承，是马克思主义及其中国化成果发展到了一个新境界的科学理论体系。习近平新时代中国特色社会主义思想用科学的原理和世界观、方法论深入浅出地回答党和人民面临的时代课题，现实针对性很强，很有说服力感染力。坚持用习近平新时代中国特色社会主义思想武装全党、指导实践，我们决战脱贫攻坚、全面建成小康社会的思想基础就会更加牢固，贯彻执行党的路线方针政策和总体布局、战略布局就会更加坚强有力，在决战决胜脱贫攻坚前进征程上排难祛险，进而赢得主动、赢得未来就会更加胜券在握。

我们有紧密团结在中国共产党周围牢牢掌握着自己命运的人民。我们党坚持马克思主义群众观点，坚持全心全意为人民服务的根本宗旨，坚持党的群众路线这一根本工作路线，坚持正确认识和处理人民内部矛盾，坚决反对任何脱离群众、损害群众利益的思想和行为，这是我们党能团结全国各族人民的原因所在。当今中国，凝聚在中国共产党周围的人民是实现中华民族伟大复兴中国梦的强大力量。脱贫攻坚，群众动力是基础。跑好全面建成小康社会“最后一公里”，我们要继续坚持依靠人民群众，充分调动贫困群众积极性、主动性、创造性，用人民群众的内生动力支撑脱贫攻坚决战决胜。

我们有先进的中国特色社会主义制度和国家治理体系。中国特色社会主义制度和国家治理体系，是在系统总结中外历史上治国理政得与失、成与败的经验教训基础上形成的，是改革开放以来特别是党的十八大以来，全面深化改革坚持求实创新的政治和制度成果，是理论创新、实践创新、制度创新相统一的成果，凝结着党和人民的智慧，具有深刻的历史逻辑、理论逻辑、实践逻辑。这个“具有强大生命力和巨大优越性的制度和治理体系”，坚持党的领导、人民当家作主、依法治国有机统一，为我国创造出经济快速发展、社会长期稳定的奇迹提供根本保障。当前，决战决胜脱贫攻坚，跑好全面建成小康社会“最后一公里”，必须继续发挥我国国家制度和国家治理体系的显著优势。

我们党有 9000 多万紧密团结在党中央周围发挥着先锋模范作用的党员。这些共产党员坚持马克思主义信仰和社会主义信念，绝对忠诚于党和人民，遵循党的纲领，分布在全国城乡各条战线的 460 多万个基层党组织中。当前，我们要继续激发广大党员干部在疫情防控形势下决胜全面建成小康社会、决战脱贫攻坚的信心和干劲，如期全面完成脱贫攻坚目标任务。

## 在决战中自我革命，烈火炼真金

为了对党和人民负责、对时代和历史负责，我们这一代共产党人要赢得全面建成小康社会和脱贫攻坚战的全胜，必须高质量地工作、高质量地完成任务。中央确定的奋斗目标一点不能变，各方面必须完成的任务一项不能少，工作的标准一点不能低，投入的力度一分不能减。

习近平总书记强调："脱贫攻坚任务能否高质量完成，关键在人，关键在干部队伍作风。"现在，距离夺取最终胜利的时间不多了，必须以只争朝夕的精神去工作、去战斗。越是决战决胜的最后关头，我们越要肩负起职责范围内的主体责任，保证工作到位、效果到位，脱真贫、真脱贫。这就越需要认真整治我们身上的不良作风，把聚焦点放到反对形式主义、官僚主义上。我们的党员干部队伍总体上是好的，保持和发扬了党的优良传统和作风，有些同志还做得很出色。但是毋庸讳言，在脱贫攻坚工作中，为官不为、不愿担当，言行不一、表里相悖，玩弄"数字脱贫""花瓶工程""文字功绩"等现象仍然时有发生。此类自欺欺人的假把式害人害己，甚至误党误国误民，是我们打赢脱贫攻坚战的思想作风障碍，必须坚决整治。

作风问题本质上是党性问题，是党性不强、党性不纯问题，形式主义、官僚主义同党的优良作风是水火不相容的。要把力戒形式主义、官僚主义作为加强作风建设的重要任务。官僚主义同形式主义的病源是相通的，都在于党性出了问题，在于对共产主义理想、社会主义信念动摇了，对全心全意为人民服务这个根本宗旨淡忘了，对党和人民负责的态度改变了。所以，整治形式主义、官僚主义，一定要从现实斗争实践中发现问题、提出问题，从思想深处、党性高度分析问题、解决问题，标本兼治，决不能就事论事。要自上而下、以上率下、上下一致去解决问题。只有求真务实，高标准整治形式主义和官僚主义，才能确保脱贫攻坚工作的高质量、效果的高质量。

投身到艰难困苦和疾风骤雨中去经受磨砺，是锤炼党性、保持共产党人先进性和纯洁性的最好时机。习近平总书记指出："要主动投身到各种斗争中去""领导干部要经受严格的思想淬炼、政治历练、实践锻炼，在复杂严峻的斗争中经风雨、见世面、壮筋骨，真正锻造成为烈火真金。"我们党的一代又一代合格的共产党员，一批又一批优秀的领导人才和其他人才，就是这样成长起来、成熟起来的。这当然不是不经过主观努力就能得到的，而是在伟大斗争历程中，自觉把改造客观世界同改造主观世界结合起来的结果，是按照客观形势和党的任务要求，主动自我革命得来的。

加强党性锻炼、整治不良作风，务必强化问题意识。形式主义、官僚主义表现五花八门，其要害就是回避、掩盖矛盾和问题。

从表面上看，似乎在按照规定程序开会、发文件、提要求、进行督促检查，但都是水过地皮湿，无视问题，不解决问题。所以，在脱贫攻坚决战决胜过程中整治形式主义、官僚主义，一定要强化问题意识。全面从严治党要常态化，党内生活的政治性要强化，都必须落实到解决确实存在的问题上。要大力弘扬我们党理论联系实际、密切联系群众、批评和自我批评三大优良作风，推动党员干部把改造客观世界同改造主观世界结合起来，真正解决好作风问题。这样，高质量完成脱贫攻坚的任务就更有保证，更能得到人民群众的认可，更能经受住历史的检验。

（作者为中央政策研究室原副主任）

（《人民日报》2020 年 06 月 15 日 09 版）

# 脱贫攻坚：对中华民族对人类都具有重大意义的伟业

徐光春

贫困是一个历史性、世界性、普遍性的重大问题，消除贫困是人类自古以来梦寐以求并为之顽强奋斗的美好理想。贫困在中国也是一个长期存在的严重问题。中国共产党成立之时，中国正处在三座大山压迫下，国家正处于积贫积弱状态，人民正处于水深火热之中。为了民族独立、人民解放和国家富强、人民幸福，中国共产党领导全国人民不断推进革命、建设、改革伟大事业，中华民族迎来了从站起来、富起来到强起来的伟大飞跃。党的十八大以来，以习近平同志为核心的党中央以崇高的责任意识和无畏的担当精神，在长期扶贫脱贫的基础上组织实施、全力推进脱贫攻坚战，要在 2020 年让占全人类人口总数 1/5 的中国彻底消除绝对贫困，让中国人民在共同富裕上迈出坚实一步，过上全面小康的幸福生活，让世界人民看到脱贫致富光明前景，为消除贫困持续奋斗，携手推动构建人类命运共同体，给各国人民带来更多福祉。为此，习近平总书记指出："夺取脱贫攻坚战全面胜利，坚决完成这项对中华民族、对人类都具有重大意义的伟业！"

### 脱贫攻坚的战略决策是马克思主义中国化最新成果的创新发展

人民群众是历史的创造者，这是马克思主义的基本原理。在这一基本原理指引下，中国共产党明确提出全心全意为人民服务是党的宗旨，把马克思主义基本原理同中国革命、建设、改革的实际结合起来，不断推进马克思主义中国化、时代化、大众化。习近平总书记从新时代社会主义现代化建设的实际出发，提出"全心全意为人民服务，是我们党一切行动的根本出发点和落脚点，是我们党区别于其他一切政党的根本标志"。习近平总书记强调："党的一切工作，必须以最广大人民根本利益为最高标准。检验我们一切工作的成效，最终都要看人民是否真正得到了实惠，人民生活是否真正得到了改善，人民权益是否真正得到了保障。"在这里，把新时代坚持全心全意为人民服务的宗旨具体化为坚持一个"最高标准"——最广大人民根本利益，实行三个"检验原则"——人民是否真正从三个方面"得到了"。同时，关于新时代人民群众的地位和作用问题，习近平总书记提出要"坚持人民主体地位""坚持以人民为中心的发展思想""坚持人民立场"等一系列重要思想观点。习近平总书记强调："必须坚持以人民为中心的发展思想，不断促进人的全面发展、全体人民共同富裕。”以习近平同志为核心的党中央把“共享”作为新发展理念的五大组成部分之一。习近平总书记强调：“生活在我们伟大祖国和伟大时代的中国人民，共同享有人生出彩的机会，共同享有梦想成真的机会，共同享有同祖国和时代一起成长与进步的机会。”习近平总书记还强调：这个新时代，“是全国各族人民团结奋斗、不断创造美好生活、逐步实现全体人民共同富裕的时代。”正是在这一系列以人民为中心的新思想新理念新战略的引领下，我们党把扶贫脱贫作为关乎人民根本利益的大事来抓，作为实现三个“得到了”的要事来做。习近平总书记指出：“党的十八大以来，我们坚持以人民为中心的发展思想，明确了到 2020 年我国现行标准下农村贫困人口实现脱贫、贫困县全部摘帽、解决区域性整体贫困的目标任务。”党的十九大进一步作出在坚持和发展中国特色社会主义、全面建成小康社会进程中，坚决打赢脱贫攻坚战的重大战略决策，吹响了在 2020 年打赢脱贫攻坚战的冲锋号。

党的十八大以来，以习近平同志为核心的党中央把脱贫攻坚摆在治国理政突出位置，作出一系列重大部署和安排，脱贫攻坚力度之大、规模之广、影响之深前所未有，取得了决定性进展，显著改善了贫困地区和贫困群众生产生活条件，谱写了人类反贫困历史新篇章。习近平总书记自 2015 年以来就打赢脱贫攻坚战召开了 7 个专题会议。每次座谈会前，习近平总书记都先到贫困地区调研，实地了解情况，听取基层干部群众意见，根据了解到的情况，召集相关省份负责同志进行工作部署。今年 3 月 6 日召开决战决胜脱贫攻坚座谈会，对克服新冠肺炎疫情影响、凝心聚力打赢脱贫攻坚战、确保如期完成脱贫攻坚目标任务、确保全面建成小康社会作出重要部署。习近平总书记关于脱贫攻坚的重要论述，进一步丰富发展了马克思主义关于人民是历史创造者的基本原理，充分体现了我们党全心全意为人民服务的宗旨。

## 脱贫攻坚的决战决胜是全面建成小康社会的关键战役

改革开放后，我们党有效解决了人民温饱问题，人民生活总体上达到小康水平。在这个基础上，党的十六大提出要全面建设小康社会。经过 10 年的奋斗，党的十八大提出要全面建成小康社会。5 年后，党的十九大进一步强调“两个一百年”奋斗目标，进一步部署到建党一百年时全面建成小康社会，我们进入了全面建成小康社会决胜期。全面建成小康社会有六个“更加”的要求：经济更加发展、民主更加健全、科教更加进步、文化更加繁荣、社会更加和谐、人民生活更加殷实。党的十九大进一步提出，要紧扣我国社会主要矛盾变化，统筹推进“五大建设”，坚决实施“七大战略”，突出抓重点、补短板、强弱项，“特别是要坚决打好防范化解重大风险、精准脱贫、污染防治的攻坚战，使全面建成小康社会得到人民认可、经得起历史检验。”以上这些重要论述、重大战略部署和重点工作要求中事关全面建成小康社会的内容，诸如“五大建设”“七大战略”“人民生活更加殷实”“抓重点、补短板、强弱项”，特别是坚决打好精准脱贫攻坚战等，与脱贫攻坚密切相关。从这些重要论述、重大战略部署、重点工作要求中，我们可以深刻感受到：脱贫攻坚与全面建成小康社会不仅任务直接相关，而且时间紧密衔接，脱贫攻坚是全面建成小康社会的重要前提和关键环节，全面建成小康社会是脱贫攻坚的强大动力和必然成果。

小康不小康，关键看老乡。习近平总书记指出：“全面建成小康社会最艰巨最繁重的任务在农村，特别是在贫困地区。”“党的十八大以来，党中央把贫困人口脱贫作为全面建成小康社会的底线任务和标志性指标，在全国范围全面打响了脱贫攻坚战。”习近平总书记强调两个“确保”同时并举的要求，即当前要“克服新冠肺炎疫情影响，凝心聚力打赢脱贫攻坚战，确保如期完成脱贫攻坚目标任务，确保全面建成小康社会”。习近平总书记指出，今年国家要组织开展脱贫攻坚普查，“这是一件大事。要为党中央适时宣布打赢脱贫攻坚战、全面建成小康社会提供数据支撑，确保经得起历史和人民检验。”习近平总书记的这些重要思想和工作要求，深刻阐明了脱贫攻坚与全面建成小康社会的辩证关系，而且特别强调了打赢脱贫攻坚战对于全面建成小康社会重要的关键性作用，足见脱贫攻坚的决战决胜是全面建成小康社会的关键战役。

## 脱贫攻坚的艰苦奋斗是实现中华民族伟大复兴中国梦的伟大实践

新时代，是全体中华儿女勠力同心、奋力实现中华民族伟大复兴中国梦的时代。实现中华民族伟大复兴中国梦，就是要实现国家富强、民族振兴、人民幸福。而实现国家富强、民族振兴、人民幸福这三个方面的本质要求，哪个方面都与解决贫困问题直接关联。换句话说，如果贫困问题没有解决，就不能说实现了国家富强、民族振兴、人民幸福，就不能说实现了中华民族伟大复兴的中国梦。因此，党的十八大以来，以习近平同志为核心的党中央坚定不移地带领全党全国各族人民打响了脱贫攻坚战，为全面建成小康社会、全面建成富强民主文明和谐美丽的社会主义现代化强国，实现中华民族伟大复兴的中国梦，展开了一场史无前例的、艰苦卓绝的打赢脱贫攻坚战的伟大实践。

习近平总书记亲自领导谋划、组织实施、全力推进脱贫攻坚战。根据习近平新时代中国特色社会主义思想关于坚决打赢脱贫攻坚战的一系列重要思想论述和决策部署，党中央、国务院把扶贫开发作为经济社会发展规划的主要内容，实施精准扶贫精准脱贫方略，找到“贫根”，对症下药，靶向治疗。构建省市县乡村五级一起抓扶贫、层层落实责任制的治理格局。注重抓六个精准，即扶持对象精准、项目安排精准、资金使用精准、措施到户精准、因村派人精准、脱贫成效精准，确保各项政策好处落到扶贫对象身上。坚持分类施策，因人因地施策，因贫困原因施策，因贫困类型施策。实施“五个一批”工程，即发展生产脱贫一批、易地搬迁脱贫一批、生态补偿脱贫一批、发展教育脱贫一批、社会保障兜底一批。动员社会参与扶贫，即广泛动员全社会力量积极参与扶贫。加强领导确保脱贫，即各级党委和政府要加强组织领导，脱贫攻坚任务重的地区党委和政府要把脱贫攻坚作为“十三五”期间头等大事和第一民生工程来抓，坚持以脱贫攻坚统揽经济社会发展全局，坚决夺取脱贫攻坚战全面胜利。通过实施这一系列重大举措，依靠全党全国人民的顽强奋斗和艰苦实践，我国贫困人口从2012年底的9899万人减到2019年底的551万人，连续7年每年减贫1000万人以上，脱贫攻坚取得了历史性成就。新时代脱贫攻坚这一伟大实践，为全面建成小康社会、全面建成社会主义现代化强国，实现中华民族伟大复兴的中国梦，创造了重要条件，打下了坚实基础，积累了宝贵经验。习近平总书记指出：“今天，我们比历史上任何时期都更接近、更有信心和能力实现中华民族伟大复兴的目标。”

## 脱贫攻坚的中国成就是为推动人类生存发展作出的重大贡献

新时代，是我国日益走近世界舞台中央、不断为人类作出更大贡献的时代。当代中国为人类作出的一个重大贡献，就是实施脱贫攻坚战略，解决近亿贫困人口的脱贫问题，使占全人类人口总数 1/5 的中国人民彻底消除绝对贫困，全面过上小康的幸福生活。这大大降低了全人类的贫困程度，也有力增强了全人类消除贫困的信心和力量，为世界提供了有效消除贫困的中国智慧和中国经验。

人类是命运共同体，消除贫困是人类的共同使命。习近平主席指出："消除贫困依然是当今世界面临的最大全球性挑战。""我们要凝聚共识、同舟共济、攻坚克难，致力于合作共赢，推动建设人类命运共同体，为各国人民带来更多福祉。"在致力于自身消除贫困的同时，中国积极开展南南合作，力所能及向其他发展中国家提供不附加任何政治条件的援助，支持和帮助广大发展中国家特别是最不发达国家消除贫困。中国开展对外援助 60 多年来，共向 166 个国家和国际组织提供近 4000 亿元人民币援助，先后 7 次宣布无条件免除重债穷国和最不发达国家对华到期政府无息贷款债务，并从多方面帮助这些国家发展经济、消除贫困。进入新时代，在坚决打赢脱贫攻坚战的同时，中国不断为全球携手消除贫困、促进共同发展作出贡献。习近平主席在 2015 减贫与发展高层论坛主旨演讲中提出着力加快全球减贫进程、着力加强减贫发展合作、着力实现多元自主可持续发展、着力改善国际发展环境的重要倡议，发出"让我们携起手来，为共建一个没有贫困、共同发展的人类命运共同体而不懈奋斗”的重要呼吁，体现了中国推动共建人类命运共同体、为各国人民带来更多福祉的担当。

（作者为中央马克思主义理论研究和建设工程咨询委员会主任）

（《人民日报》2020 年 06 月 18 日 09 版）

# 决战决胜脱贫攻坚：践行初心使命的时代号角

欧阳淞

习近平总书记在党的十九大报告中指出：“不忘初心，方得始终。中国共产党人的初心和使命，就是为中国人民谋幸福，为中华民族谋复兴。”我们党近百年的历史证明，这个初心和使命一直是激励中国共产党人不断前进的根本动力。中国特色社会主义进入新时代，以习近平同志为核心的党中央带领全党全国各族人民打响了脱贫攻坚战，决战决胜脱贫攻坚就是我们党践行初心使命的时代号角。

## 一

1944年6月至10月，陕甘宁边区接待了一个中外记者参观团，这是我们党自土地革命战争以来，继斯诺、史沫特莱等来访之后，在根据地接待的规模最大的中外记者参观团。当随团的美联社记者史坦因问毛泽东同志“你以什么权利在这里指导政府和军队”时，毛泽东同志答：“靠人民的信任，靠当前在我们新民主主义的各级政府之下的八千六百万人民的信任。”

人民为什么如此信任共产党？因为他们从无数次的亲身经历中感受到：只有共产党才真正地“把屁股端端地坐在老百姓这一方面”。其中的土地革命，无疑是根据地人民最难以忘怀的一件事情。

中国曾长期是一个农业人口占绝大多数的国家。在很长一段时间内，农民问题主要是土地问题。大革命失败后，中国革命得以坚持和发展，主要就是因为党紧紧依靠农民，在农村建立了根据地，并在根据地内深入开展了土地革命。

1927 年召开的“八七”会议确定了实行土地革命和武装起义的方针，土地革命很快在海陆丰、井冈山、闽西、赣南等根据地开展起来。不久，又拓展到赣东北、湘鄂西、鄂豫皖、湘鄂赣、琼崖、右江和陕甘等根据地。在这些地方，广大农民在土地革命中取得了“他们唯一热望的土地所有权”。共产党领导农民进行土地革命这个事实，使农民迅速分清了国共两党和两个政权的优劣。广大农民在政治上、经济上的翻身，又极大地激发了他们支持革命、投身革命的热情。仅湘鄂赣根据地，从 1930 年 9 月到 1931 年 3 月的半年间，参加红军的翻身农民就达 3 万多人。在土地问题上经历了以减租减息为主要特点的抗日战争时期之后，不拘一格解决土地问题的全国解放战争时期到来了。1946 年 5 月，中共中央发布“五四指示”。1947 年 7—9 月，全国土地会议在西柏坡召开，《中国土地法大纲》制定并实施，解放区的广大农村迅速掀起土地制度改革的热潮。到1948年秋，解放区基本消灭了封建的生产关系，1亿左右的农民从地主和旧式富农那里获得3.7亿亩土地。在“参军保田”的口号下，青壮年农民潮水般涌入人民军队。在解放战争中，参军的农民在华北有近百万，在山东有59万，在东北有160万。“得人心者，得新中国”，这就是历史的结论。

实际上，早在1936年，毛泽东同志在陕北的窑洞里就说过：“谁赢得了农民，谁就会赢得中国”“谁能解决土地问题，谁就会赢得农民”。在七届三中全会上，毛泽东同志指出：“有了土地改革这个胜利，才有了打倒蒋介石的胜利。”共产党人在严酷的战争环境中坚持推行土地改革的实践印证了一个道理：“江山是人民，人民就是江山”。

## 二

历史行进到1978年，党的十一届三中全会的召开使中国大地春潮涌动。这年11月，在借地唤起农民生产积极性的启发下，安徽有些地方的基层干部和农民冲破旧体制的限制，自发地采取了包干到组和包产到户的做法。凤阳县梨园公社小岗村18户农民的创造叫做“包干到户”，即“保证国家的，留足集体的，剩下都是自己的”。这个办法简便易行，最受农民欢迎。由于“双包责任制”的实行，许多生产队和农户实现了“一季翻身”“一年翻身”。但也有一些人对此或说三道四，或顾虑重重。在关键时刻，邓小平同志鲜明地表示了自己的态度。他对时任安徽省委第一书记说：“不要争论，你就这么干下去就行了，就实事求是干下去。”对于这样搞会不会影响集体经济的发展，邓小平同志明确地说：“我看这种担心是不必要的。我们总的方向是发展集体经济。实行包产到户的地方，经济的主体现在也还是生产队。这些地方将来会怎么样呢？可以肯定，只要生产发展了，农村的社会分工和商品经济发展了，低水平的集体化就会发展到高水平的集体化，集体经济不巩固的也会巩固起来。”邓小平同志的表态，对于打破思想僵化、推动改革全面深入开展发挥了关键作用。随后，中央陆续下发《关于进一步加强和完善农业生产责任制的几个问题》和 1982 年的中央一号文件，指出包产到户“没有什么复辟资本主义的危险”，“目前实行的各种责任制”“都是社会主义集体经济的生产责任制”。在中央的支持和推动下，实行包产到户和包干到户的生产队迅速增多起来，由 1980 年占全国生产队的 50% 上升到 1982 年 6 月的 86.7%。正是包产到户、包干到户的做法拉开了我国农村改革的序幕，进而拉开了改革开放这一新的历史时期的序幕。

改革作为第二次革命，又一次从农村开局。首先作出贡献和得到实惠的，依然是中国农民。而给他们带来这实惠的，除了自己的辛勤劳作，是党的十一届四中全会总结的一个思想："我们的一切政策是否符合发展生产力的需要，就是要看这种政策能否调动劳动者的生产积极性"，是提出并践行这一思想的中国共产党人。正是中国共产党人，给农民群众以坚定的支持，调动了亿万农民的生产积极性。正是"双包"责任制的落实，使农民"集没有少赶，戏没有少看，粮没有少打，钱没有少得"。一个物质利益，一个自主权，有了这两条，8 亿农民的积极性和创造性就能充分发挥出来，成为发展生产的巨大力量。1988 年与 1978 年相比，平均每个农村劳动力创造的农村社会总产值增长 1.8 倍，平均每年增长 10.9%；每个农业劳动力创造的农业总产值增长 65.1%，平均每年增长 5.1%。这 10 年农村劳动生产率提高的幅度大于从 1949 年到 1978 年的 29 年。后来，邓小平同志在对这段历程进行总结时说："我们的改革和开放是从经济方面开始的，首先又是从农村开始的。为什么要从农村开始呢？因为农村人口占我国人口的百分之八十，农村不稳定，整个政治局势就不稳定，农民没有摆脱贫困，就是我国没有摆脱贫困。"中国共产党人的所思所想、所作所为，再次证明了一个道理："老百姓是地，老百姓是天，老百姓是共产党永远的挂念"。

## 三

"永远的挂念"，不是说说而已，而是一代又一代中国共产党人用行动体现出来的。这行动不是三个五个，而是千个万个；这时间不是三年五年，而是连续近百年。中国共产党第一个百年的历史已经雄辩地证明了这一点。正如习近平总书记所指出的："新中国成立前，我们党领导广大农民'打土豪、分田地'，就是要让广大农民翻身得解放。现在，我们党领导广大农民'脱贫困、奔小康'，就是要让广大农民过上好日子。"把这"翻身得解放"和"过上好日子"的朴素愿望紧紧连在一起的，正是中国共产党人的初心和使命。

经过新中国成立 70 多年特别是改革开放 40 多年的持续奋斗，我国已稳定解决了十几亿人的温饱问题，总体上实现了小康，当前正在决胜全面建成小康社会。习近平总书记指出："全面建成小康社会、实现第一个百年奋斗目标，农村贫困人口全部脱贫是一个标志性指标。"为了实现这个标志性指标，进入新时代的中国共产党人和中国人民，在以习近平同志为核心的党中央坚强领导下，进行了新的奋斗，精准发力、苦干实干，取得了前所未有的巨大成就。

脱贫攻坚目标接近完成。贫困人口从 2012 年底的 9899 万人减到 2019 年底的 551 万人，贫困发生率由 10.2% 降至 0.6%，连续 7 年每年减贫 1000 万人以上。到今年 2 月底，全国 832 个贫困县中已有 601 个摘帽，179 个正在进行退出检查，未摘帽县还有 52 个，区域性整体贫困基本解决。

贫困群众收入水平大幅度提高。2013 年至 2019 年，832 个贫困县农民人均可支配收入由 6079 元增加到 11567 元，年均增长 9.7%，比同期全国农民人均可支配收入增幅高 2.2 个百分点。全国建档立卡贫困户人均纯收入由 2015 年的 3416 元增加到 2019 年的 9808 元，年均增幅 30.2%。贫困群众“两不愁”质量水平明显提升，“三保障”突出问题总体解决。

贫困地区基本生产生活条件明显改善。具备条件的建制村全部通硬化路，村村都有卫生室和村医，10.8 万所义务教育薄弱学校办学条件得到改善，农网供电可靠率达到 99%，深度贫困村通宽带比例达到 98%，960 多万贫困人口通过易地搬迁摆脱了困境。

与此同时，贫困地区经济社会发展明显加快，贫困治理能力明显提升。今年脱贫攻坚任务完成后，中华民族千百年来存在的绝对贫困问题，将在我们这一代人的手里历史性地得到解决。这也意味着提前 10 年实现联合国 2030 年可持续发展议程的减贫目标。“世界上没有哪一个国家能在这么短的时间内帮助这么多人脱贫，这对中国和世界都具有重大意义。”中国在脱贫攻坚领域取得的前所未有的成就，充分彰显了中国共产党领导和我国社会主义制度的显著政治优势。

为了进一步做好脱贫攻坚最后一年的工作，确保高质量完成脱贫攻坚目标任务，习近平总书记在今年 3 月 6 日召开的决战决胜脱贫攻坚座谈会上发表重要讲话，充分肯定我国脱贫攻坚取得的决定性成就，深入分析打赢脱贫攻坚战面临的困难挑战，并就加强党的领导、确保高质量完成脱贫攻坚目标任务提出了明确要求。习近平总书记指出："脱贫攻坚工作艰苦卓绝，收官之年又遭遇疫情影响，各项工作任务更重、要求更高。我们要不忘初心、牢记使命，坚定信心、顽强奋斗，夺取脱贫攻坚战全面胜利，坚决完成这项对中华民族、对人类都具有重大意义的伟业！"

冲刺脱贫攻坚最后一程的冲锋号已经吹响，习近平总书记从初心和使命的高度对决战决胜脱贫攻坚进行动员，凸显了这场攻坚战的政治含量，给脱贫攻坚的决战注入了强大动力。

## 四

土地和农民是打开中国近现代历史的一把钥匙，也是理解中国共产党人初心和使命的一条捷径。

在新民主主义革命时期，我们党正是帮助农民解决土地问题，使农民把"命根子"握在了自己的手里，人民才迅速认识并接受了中国共产党，进而赴汤蹈火也在所不辞地跟着党闹革命，打出了一个人民共和国；在改革开放和社会主义现代化建设新时期，我们党先是下放生产自主权，解决农民群众的温饱问题，进而稳定解决奔小康问题，使中国人民迅速认识并接受了中国特色社会主义，义无反顾地跟党走上了改革开放之路，干出了一个经济总量居世界第二的人民共和国；进入新时代，党正在领导人民通过脱贫攻坚实现全面小康，这使中国人民进一步加深了对实现中华民族伟大复兴中国梦的认识，从而更加信心满怀地跟党走上强国之路。

“善为国者，遇民如父母之爱子，兄之爱弟，闻其饥寒为之哀，见其劳苦为之悲。”这是习近平总书记常存心中的一句古语，也是共产党人的共同心声。我们党对人民根本利益的实现和维护转化而来的是人民对党和国家事业的鼎力支持，对人民政权的倾心呵护；党有了长期执政的条件，又可以更好地实现和维护人民的根本利益。这就是中国共产党没有政权可以夺取政权、有了政权能够巩固政权的根本原因。

习近平总书记指出：“行百里者半九十。中华民族伟大复兴，绝不是轻轻松松、敲锣打鼓就能实现的。全党必须准备付出更为艰巨、更为艰苦的努力。”可以展望，不要多久，我们就将以决战决胜脱贫攻坚、全面建成小康社会的胜利果实迎接中国共产党成立100周年；再奋斗30年，我们定会以全面建成社会主义现代化强国的新的骄人成绩庆祝中华人民共和国成立100周年。实现“两个一百年”奋斗目标以后，中国共产党人和中国人民还会为中华民族的千秋伟业而继续奋斗。这个过程没有终结，奋斗便不会停止。照亮这漫漫征程的，始终是中国共产党人的初心和使命，而其核心要义便是：人民至上！

（作者为中央马克思主义理论研究和建设工程咨询委员、原中央党史研究室主任）

（《人民日报》2020 年 06 月 23 日 09 版）

# 经济更加发展的成色十足

## ——习近平新时代中国特色社会主义经济思想的生动实践

马建堂

经济更加发展，是全面建成小康社会的一项重要目标任务。党的十八大以来，在习近平新时代中国特色社会主义经济思想的科学指引下，我国经济迈向高质量发展，创新驱动发展成效显著，发展协调性明显增强，人民生活质量和水平普遍提高，生态环境质量总体改善，发展的平衡性、协调性、可持续性显著增强，经济更加发展的成色十足。

经济更加发展，是全面建成小康社会的一项重要目标任务。党的十八大以来，以习近平同志为核心的党中央坚持观大势、谋全局、干实事，成功驾驭我国经济发展大局，在实践中形成了以新发展理念为主要内容的习近平新时代中国特色社会主义经济思想，为新时代中国特色社会主义经济建设提供了根本遵循。在这一科学思想指引下，我国经济建设取得巨大成就，高质量发展迈出坚定步伐，发展的平衡性、协调性、可持续性显著增强，经济更加发展的成色十足。

## 经济迈向高质量发展

习近平总书记指出："我国经济已由高速增长阶段转向高质量发展阶段，正处在转变发展方式、优化经济结构、转换增长动力的攻关期""推动高质量发展是当前和今后一个时期确定发展思路、制定经济政策、实施宏观调控的根本要求"。党的十八大以来，以习近平同志为核心的党中央坚持新发展理念，坚持以供给侧结构性改革为主线，不失时机推进重要领域和关键环节改革，推动经济发展质量变革、效率变革、动力变革，推动我国经济在实现高质量发展上不断取得新进展，为全面建成小康社会奠定了坚实物质基础。

经济发展迈上新台阶。2012—2019 年，我国年均经济增速达到 7.0%，在世界主要经济体中保持领先，持续成为拉动世界经济增长的主要动力源。2019 年，我国国内生产总值接近 100 万亿元，人均国内生产总值超过 1 万美元，经济发展迈上新台阶。突如其来的新冠肺炎疫情对我国经济社会发展带来较大冲击。在抗击疫情的严峻斗争中，我国经济经受住了"压力测试"，展现出巨大韧性。疫情冲击没有动摇我国长期稳定发展的坚实基础，我国经济潜力足、韧性强、回旋空间大、政策工具多的基本特点没有变。

产业结构持续优化。2019 年，我国第三产业增加值占国内生产总值的比重达到 53.9%，比 2012 年提高 8.4 个百分点；高技术制造业增加值占规模以上工业增加值的比重为 14.4%，比 2014 年提高 3.8 个百分点；装备制造业增加值占规模以上工业增加值的比重为 32.5%，比 2014 年提高 2.1 个百分点。产业结构优化调整使发展新动能不断壮大，中国制造加快向中高端迈进。

供给体系质量逐步提高。化解过剩产能工作取得实效：截至 2017 年末，全国共退出钢铁产能 1.7 亿吨以上、煤炭产能 8 亿吨；2019 年四季度全国工业产能利用率为 77.5%，比 2013 年一季度提高 2.2 个百分点，比 2016 年的最低点提高 4.6 个百分点。企业部门去杠杆取得明显进展，规模以上工业企业资产负债率从 2012 年底的 57.8% 下降到 2019 年底的 56.6%，下降 1.2 个百分点。随着供给侧结构性改革不断深化，我国供给体系质量逐步提高。

### 创新驱动发展成效显著

习近平总书记指出："创新是引领发展的第一动力，是国家综合国力和核心竞争力的最关键因素""自主创新是推动高质量发展、动能转换的迫切要求和重要支撑"。党的十八大以来，以习近平同志为核心的党中央坚持通过全面深化改革释放和激发全社会的创业创新热情，加大创新资源投入，我国自主创新能力显著增强，创新型国家和人才强国建设取得重大进展。

自主创新能力显著增强。2012—2019年，全社会研发经费投入从10298.4亿元增长到21737亿元，7年间翻了一番，占国内生产总值的比重达到2.19%，超过欧盟15国平均水平；研发人员总量、发明专利申请量等指标连续多年位居世界首位。科创基地和平台建设如火如荼，科研基础条件大为改善。

创新成果不断涌现。在创新驱动发展战略推动下，我国在量子科学、铁基超导、暗物质粒子探测卫星、化学诱导的多潜能干细胞（CIPS干细胞）等基础研究领域取得重大突破；高技术领域捷报频传，神舟飞船与天宫空间实验室在太空交会翱翔，北斗导航卫星实现全球组网，蛟龙号载人潜水器、海斗号无人潜水器创造最大深潜纪录；国产大飞机、高速铁路、三代核电、新能源汽车等领域取得一批在世界上叫得响、数得着的重大成果。

创新对经济发展的引领力不断提高。科技与经济深度融合，智能制造、无人配送、在线消费、医疗健康等新产业新业态新商业模式快速发展，对经济发展的支撑作用不断增强，一些领域处于世界领先水平。2019年，我国全员劳动生产率达到115009元/人，比上年提高6.2%，创新对经济发展的引领力不断提高。

### 发展协调性明显增强

习近平总书记指出："协调既是发展手段又是发展目标，同时还是评价发展的标准和尺度。"协调发展注重的是解决发展不平衡问题，通过补齐短板挖掘发展潜力、增强发展后劲。党的十八大以来，以习近平同志为核心的党中央既着力破解发展中的难题、补齐发展短板，又巩固和厚植我国发展优势，推动我国发展的协调性显著增强，提升了全面建成小康社会的成色。

推动区域协调发展。提出并实施京津冀协同发展、长江经济带发展、长江三角洲区域一体化发展、粤港澳大湾区建设、黄河流域生态保护和高质量发展等国家重大区域战略，继续推动西部大开发、东北全面振兴、中部地区崛起、东部率先发展，加大力度支持革命老区、民族地区、边疆地区、贫困地区加快发展，地区发展差距不断缩小。2019 年，我国东部地区人均国内生产总值是西部的 1.76 倍，比 2012 年下降 0.08 倍。

推动城乡协调发展。把实施乡村振兴战略作为新时代“三农”工作总抓手，坚持工业反哺农业、城市支持农村和多予少取放活的方针，有效促进城乡资源均衡配置，加快农业农村现代化步伐。2013—2019 年，居民人均可支配收入从 18311 元增长到 30733 元。收入分配差距问题有所缓解：2019 年城镇居民人均可支配收入是农村居民的 2.64 倍，比 2013 年的 2.81 倍明显下降。

### 人民生活质量和水平普遍提高

习近平总书记指出：“不断提高人民生活质量和水平，是我们一切工作的出发点和落脚点，也是全面建成小康社会的根本目的。”党的十八大以来，以习近平同志为核心的党中央坚持以人民为中心的发展思想，不断解决好人民最关心最直接最现实的利益问题，人民生活质量和水平普遍提高。

民生保障工作扎实推进。2013—2019 年，我国每年城镇新增就业人数都在 1300 万人以上，实现了比较充分的就业。截至 2019 年底，全国参加城镇职工基本养老保险的有 43482 万人，参加城乡居民基本养老保险的有 53266 万人；参加基本医疗保险的有 135436 万人。我国已建立覆盖城乡居民的多层次社会保障体系。今年以来，面对新冠肺炎疫情严重冲击，以习近平同志为核心的党中央坚持把人民生命安全和身体健康放在第一位，统筹疫情防控和经济社会发展，扎实做好“六稳”工作，全面落实“六保”任务，牢牢兜住民生底线。

脱贫攻坚成效显著。习近平总书记强调，小康不小康，关键看老乡。全面建成小康社会，最艰巨的任务是打赢脱贫攻坚战。2012—2019 年，我国年末贫困人口从 9899 万人减少到 551 万人，连续 7 年每年减贫 1000 万人以上，9000 多万人已经稳定脱贫，贫困发生率从 10.2% 降到 0.6%，脱贫攻坚取得决定性成就。今年，我们克服新冠肺炎疫情影响，以更大决心、更强力度推进脱贫攻坚，即将夺取脱贫攻坚战全面胜利。

公共服务水平明显提升。党的十八大以来，党中央持续加大对教育、卫生等公共事业的投入，国民思想道德素质、科学文化素质、健康素质明显提高。2018 年，我国劳动年龄人口平均受教育年限达到 10.6 年，人均预期寿命达到 77 岁，为创建知识型、技能型、创新型劳动者大军提供了坚实基础。此外，我国还积极推进“厕所革命”、垃圾分类等工作，城乡居民的人居生活环境明显改善，生活品质明显提升。

### 生态环境质量总体改善

习近平总书记指出：“绿水青山就是金山银山”“要正确处理好经济发展同生态环境保护的关系，牢固树立保护生态环境就是保护生产力、改善生态环境就是发展生产力的理念，更加自觉地推动绿色发展、循环发展、低碳发展，决不以牺牲环境为代价去换取一时的经济增长。”党的十八大以来，我们坚持加强生态文明制度建设，坚决打赢污染防治攻坚战，着力解决突出环境问题，推动我国生态环境质量总体上得到改善，经济发展可持续性显著增强。

坚决打赢污染防治攻坚战。以解决人民群众反映强烈的突出生态环境问题为重点，围绕污染物总量减排、生态环境质量提高、生态环境风险管控三类目标，全面推进蓝天保卫战，着力打好碧水保卫战，扎实推进净土保卫战。大力开展生态保护和修复，强化生态环境督察执法，保证党中央关于生态文明建设决策部署落地生根见效。经过艰苦努力，我国生态环境保护发生了历史性、转折性、全局性变化。截至2019年底，“十三五”规划明确的生态环境保护领域9项约束性指标，7项已提前完成目标任务。

更加自觉地推动绿色循环低碳发展。牢固树立绿水青山就是金山银山的理念，统筹山水林田湖草系统治理，优化国土空间开发格局，调整区域产业布局，发展清洁生产，推进绿色发展。建立并完善绿色生产和消费的法律制度和政策导向，建立健全绿色低碳循环发展的经济体系，构建市场导向的绿色技术创新体系，发展绿色金融，壮大节能环保产业、清洁生产产业、清洁能源产业。统筹国内国际两个大局，以全球视野加快推进生态文明建设，努力把绿色发展转化为新的综合国力、综合影响力和国际竞争新优势。

（作者为国务院发展研究中心党组书记、研究员）

（《人民日报》2020年07月02日第09版）

# 中华民族伟大复兴征程上的重要里程碑

谢伏瞻

全面建成小康社会是实现中华民族伟大复兴中国梦的关键一步。党的十八大以来，以习近平同志为核心的党中央团结带领全国各族人民，为实现中华民族伟大复兴不懈奋斗，全面建成小康社会取得伟大成就，充分彰显中国共产党领导的巨大政治优势、中国特色社会主义制度和国家治理体系的显著优势，极大增强全国各族人民的自信心和自豪感，为实现中华民族伟大复兴奠定了坚实基础。全面建成小康社会是中华民族伟大复兴征程上的一座重要里程碑，是中国人民对人类文明作出的重大贡献。

全面建成小康社会，是我们党向人民、向历史作出的庄严承诺。党的十八大以来，在以习近平同志为核心的党中央坚强领导下，我国全面建成小康社会的宏伟蓝图正在变成现实。这是中华民族伟大复兴征程上的一座重要里程碑，是中国人民对人类文明作出的重大贡献。

## 全面建成小康社会是实现中华民族伟大复兴中国梦的关键一步

小康是中华民族自古以来追求的理想。早在《诗经·大雅·民劳》中，就有“民亦劳止，汔于小康”的诗句，表达出我国老百姓向往幸福安康的朴素愿望。《礼记·礼运》将“小康”描述为仅次于“大同”的理想社会状态。在古代生产力落后和私有制条件下，劳动人民的“小康”愿望难以实现，但中华民族从未放弃对美好梦想的向往和追求。

实现中华民族伟大复兴的中国梦，是近代以来中华民族的夙愿。中国共产党一经成立，就义无反顾地肩负起实现中华民族伟大复兴的历史使命，在领导中国人民完成新民主主义革命和社会主义革命、建立中华人民共和国和社会主义基本制度以后，迅速确定了实现国家现代化的目标。1964年，根据毛泽东同志的建议，周恩来同志在第三届全国人民代表大会第一次会议所作的《政府工作报告》中，正式完整地提出了“四个现代化”的建设目标。全国各族人民在党的领导下艰苦奋斗，逐步建立起独立的、比较完整的工业体系和国民经济体系，取得了令人鼓舞的伟大成就。

党的十一届三中全会以后，党中央充分认识现代化建设的长期性和艰巨性，在科学分析国际国内形势、深刻总结历史经验教训和充分吸收中华优秀传统文化精髓的基础上，创造性地提出了

“小康”目标。1979年，邓小平同志在会见日本首相大平正芳时首次提出“小康”目标。1980年，邓小平同志在中央工作会议上指出：“只要全国上下团结一致地、有秩序有步骤地前进，我们就能够更有信心经过二十年的时间，使我国现代化经济建设的发展达到小康水平，然后继续前进，逐步达到更高程度的现代化。”使用“小康”这个概念确立中国的发展目标，既符合中国发展实际，也容易得到广大人民群众的理解和支持。邓小平同志明确提出我国现代化建设“三步走”发展战略，其中第二步就是在上世纪末使我国进入小康社会。党的十五大提出到2010年、建党一百年和新中国成立一百年的发展目标，要求在新世纪头10年使人民的小康生活更加宽裕。党的十六大进一步提出要在本世纪头20年全面建设惠及十几亿人口的更高水平的小康社会。党的十八大提出到2020年实现全面建成小康社会奋斗目标，并在党的十六大、十七大确立的全面建设小康社会目标的基础上提出了一系列新要求。

党的十八大以来，以习近平同志为核心的党中央顺应我国经济社会新发展和广大人民群众新期待，将全面建成小康社会作为“四个全面”战略布局中的战略目标置于引领地位，赋予其更丰富的内涵。全面建成小康社会，强调的不仅是“小康”，更重要的也是更难做到的是“全面”。“小康”讲的是发展水平，“全面”讲的是发展的平衡性、协调性、可持续性。全面小康是“五位一体”

全面进步，是惠及全体人民的小康，是城乡区域共同的小康。党的十九大报告作出中国特色社会主义进入新时代的重大判断，提出我国社会主要矛盾已经转化为人民日益增长的美好生活需要和不平衡不充分的发展之间的矛盾。我们要在继续推动发展的基础上，着力解决好发展不平衡不充分问题，大力提升发展质量和效益，更好满足人民在经济、政治、文化、社会、生态等方面日益增长的需要，更好推动人的全面发展、社会全面进步。党的十九大报告清晰擘画全面建成社会主义现代化强国的时间表、路线图，提出在全面建成小康社会的基础上，分两步走全面建成富强民主文明和谐美丽的社会主义现代化强国。习近平总书记指出："中国已经进入全面建成小康社会的决定性阶段。实现这个目标是实现中华民族伟大复兴中国梦的关键一步。"习近平总书记关于全面建成小康社会的重要论述，是习近平新时代中国特色社会主义思想的重要组成部分，为全面建成小康社会提供了根本遵循。

### 我国全面建成小康社会取得伟大成就

党的十八大以来，以习近平同志为核心的党中央紧扣全面建成小康社会目标任务，提出并贯彻落实新发展理念，统筹推进"五位一体"总体布局，协调推进"四个全面"战略布局，坚决打赢防范化解重大风险、精准脱贫、污染防治三大攻坚战，我国经济更加发展、民主更加健全、科教更加进步、文化更加繁荣、社会更加和谐、人民生活更加殷实，全面建成小康社会取得了历史性成就。

历史性地解决绝对贫困问题。作为全面建成小康社会的基本标志，脱贫攻坚目标任务即将完成，这是中华民族发展史上的重要里程碑。改革开放以来，我国农村贫困人口减少 7 亿多，是全世界第一个实现联合国千年发展目标中减贫目标的发展中国家。党的十八大以来，现行标准下农村贫困人口累计减少 9348 万人，贫困发生率从 10.2% 下降至 0.6%，区域性整体贫困基本得到解决。贫困群众收入水平大幅度提高，自主脱贫能力稳步增强，贫困群众“两不愁”质量水平明显提升，“三保障”突出问题总体解决。面对新冠肺炎疫情带来的冲击，各级党委和政府采取有效措施，持续加大脱贫攻坚项目开工复工进度，多措并举帮助贫困劳动力返岗就业，及时落实帮扶措施，脱贫攻坚进入冲刺阶段。我们坚信，有中国共产党领导和中国特色社会主义制度的政治优势和制度优势，有强有力的政策支持、充足的资金保障、强劲的工作力度，我们有条件有能力如期完成脱贫攻坚目标任务。

经济社会实现跨越式发展。党的十八大以来，以习近平同志为核心的党中央团结带领全国各族人民，为实现中华民族伟大复兴不懈奋斗，我国经济社会发展取得历史性成就、发生历史性变革。2019 年，国内生产总值接近 100 万亿元人民币，占世界经济的比重超过 16%，经济总量稳居世界第二位；人均国内生产总值突破1万美元，我国正在从中高收入国家向高收入国家迈进；全国居民人均可支配收入突破3万元，居民消费水平显著提升，消费层次由温饱型向全面小康型转变。现代化经济体系基本建立，实现了从传统农业社会向现代工业社会的跃升，是世界上唯一拥有联合国产业分类中全部工业门类的国家，制造业增加值稳居世界第一位。科技水平全面落后的局面得到彻底改变，我国研究与试验发展经费跃居世界第二位，天宫、蛟龙、天眼、悟空、墨子、大飞机等重大科技成果相继问世，高铁、人工智能、移动支付、第五代移动通信网络、金融科技等处于世界领先地位。近年来，农村居民人均可支配收入和消费支出增长超过城镇居民，乡村消费品零售额增长超过城镇，中部地区和西部地区生产总值和固定资产投资超过东部地区，城乡区域差距不断缩小。我国发展不平衡、不充分的问题正在稳步得到解决。

基本公共服务水平显著提高。教育总体发展水平跃居世界中上行列，义务教育普及程度达到世界高收入国家水平，建成世界最大规模的高等教育体系，城乡义务教育差距逐渐缩小，困难学生平等受教育权利得到保障，贫困地区与农村地区学生接受优质高等教育机会显著增加。2018年，我国城镇人均住房建筑面积达39平方米，农村人均住房建筑面积达47.3平方米。累计建设各类保障性住房和棚改安置住房8000多万套，帮助2亿多群众解决了住房困难。实施就业优先政策，城镇登记失业率、调查失业率长期保持在较低水平，确保广大人民群众安居乐业。人民身体素质日益改善，居民预期寿命提高到77岁。我国初步构建起世界上规模最大、覆盖人口最多，包括养老、医疗、低保、住房、教育等民生领域的社会保障体系，在幼有所育、学有所教、劳有所得、病有所医、老有所养、住有所居、弱有所扶上不断取得新进展。人民群众的获得感、幸福感、安全感不断提升。

生态环境质量明显改善。人民群众日益增长的优美生态环境需要不断得到满足。践行绿水青山就是金山银山的理念，不断推动形成绿色生产方式和生活方式，坚决打好污染防治攻坚战。森林覆盖率持续提高，万元国内生产总值用水量、能耗明显下降，清洁能源占一次性能源消费比重进一步提高。337个地级及以上城市空气质量平均优良天数比例提高到82%，主要污染物排放总量和碳排放强度继续下降。推进美丽乡村建设，村容村貌明显提升，推进农村垃圾、污水治理，农村人居环境不断改善。我国已经成为全球生态文明建设的重要参与者、贡献者、引领者。

国民素质和社会文明程度显著提高。公共图书馆、博物馆、文化馆、纪念馆、美术馆等免费开放，科技馆、工人文化宫、妇女儿童活动中心以及青少年校外活动场所免费提供基本公共文化服务，城乡基本公共文化服务体系基本建成。主旋律更加响亮，正能量更加强劲，文化自信不断增强。中华优秀传统文化广泛弘扬，社会主义核心价值观深入人心，国家文化软实力和中华文化影响力大幅提升。中国人民的精神面貌发生深刻变化，全党全社会思想上的团结统一更加巩固。

全面建成小康社会的制度体系更加成熟更加定型。我国全面深化改革，全面推进依法治国，加快建设法治政府，坚持公正司法，社会公平正义的法治保障制度不断完善。党的十九届四中全会明确了坚持和完善中国特色社会主义制度、推进国家治理体系和治理能力现代化的总体要求、总体目标和重点任务，全面建成小康社会、全面建设社会主义现代化强国的制度保障不断增强。

随着全面建成小康社会目标任务的实现，我国将在新的历史起点上开启全面建设社会主义现代化国家新征程。

## 深入认识全面建成小康社会的重大意义

全面建成小康社会，无论在中华民族发展史上，还是在世界发展史上、在社会主义发展史上，都具有重大意义。

充分彰显中国共产党领导的巨大政治优势。全面建成小康社会，是在中国共产党领导下逐步实现的。我们党始终秉持以人民为中心的发展思想，始终把人民利益摆在至高无上的地位，从群众最关心的问题入手，推动发展成果更多更公平惠及全体人民，不断满足人民群众日益增长的美好生活需要。如期完成全面建成小康社会的宏伟目标，将使中华民族几千年来的梦想成为现实，14 亿多人民全面过上幸福美好的小康生活。中国共产党的领导，是这一切得以实现的根本政治保证。习近平总书记指出："我们党的执政水平和执政成效都不是由自己说了算，必须而且只能由人民来评判"。如期全面建成小康社会，以人民得到实实在在的利益兑现党对人民的庄严承诺，赢得人民的信任和支持，极大增强全党全国人民的凝聚力和向心力，必将进一步巩固我们党的领导地位和执政地位。

充分彰显中国特色社会主义制度和国家治理体系的显著优势。全面建成小康社会，是在中国特色社会主义制度框架下逐步实现的。新中国成立以来特别是改革开放40多年来，中国共产党团结带领全国各族人民艰苦奋斗，创造了世所罕见的经济快速发展奇迹和社会长期稳定奇迹，中华民族迎来了从站起来、富起来到强起来的伟大飞跃，充分彰显了我国国家制度和国家治理体系的显著优势。习近平总书记指出："中国人民的成功实践昭示世人，通向现代化的道路不止一条，只要找准正确方向、驰而不息，条条大路通罗马。"我们坚信，随着中国特色社会主义不断发展，我们的制度和国家治理体系也将越来越成熟，我国社会主义制度和国家治理体系的优越性必将进一步显现，我们的道路会越走越宽广。

极大增强全国各族人民的自信心和自豪感。全面建成小康社会，是在党的领导下，全体中国人民靠自己的双手和智慧逐步实现的。如期全面建成小康社会，以经得起历史检验的成就表明，实现中华民族伟大复兴并不是遥不可及的。这将极大增强全国人民的道路自信、理论自信、制度自信、文化自信。习近平总书记指出："现在我们比历史上任何时期都更接近中华民族伟大复兴的目标，比历史上任何时期都更有信心、更有能力实现这个目标。"全面建成小康社会，将进一步调动广大人民群众投身社会主义建设事业的积极性、主动性、创造性，汇聚实现中华民族伟大复兴中国梦的磅礴力量。

为实现中华民族伟大复兴奠定坚实基础。作为世界上最大的发展中国家，我国全面建成小康社会是对人类文明的重大贡献。把我国现代化建设的长期性与发展的阶段性相结合，科学划分发展阶段，始终做到分阶段、有步骤地推进社会主义现代化建设，这是我们党推进社会主义现代化建设的一条成功经验。习近平总书记指出："建成社会主义现代化强国，实现中华民族伟大复兴，是一场接力跑，我们要一棒接着一棒跑下去，每一代人都要为下一代人跑出一个好成绩。"全面建成小康社会是实现中华民族伟大复兴征程中的重要一棒，将为实现中华民族伟大复兴奠定更加坚实的基础。

（作者为中国社会科学院党组书记、院长，中国社会科学院习近平新时代中国特色社会主义思想研究中心主任）

（《人民日报》2020年07月15日第09版）

# 运用政治优势确保脱贫攻坚决战决胜

李　捷

脱贫攻坚是一个系统工程，必须有一个坚强的领导力量持续推进。我们党坚持以人民为中心的发展思想，有组织、有计划、大规模地进行扶贫开发，努力使贫困地区人民尽快脱贫致富、过上幸福生活。

消灭贫穷是社会主义的内在要求。坚持和发展中国特色社会主义，从政治上保证了我们努力克服各种风险挑战，聚焦解决绝对贫困问题，促进全体人民共同富裕。

集中力量办大事，动员全社会参与，构建专项扶贫、行业扶贫、社会扶贫等多方力量、多种举措有机结合和互为支撑的“三位一体”大扶贫格局，是我们在脱贫攻坚中能够战胜各种艰难险阻的重要保证。

脱贫攻坚战是决胜全面建成小康社会的三大攻坚战之一。党的十八大以来，我国脱贫攻坚取得历史性成就。习近平总书记指出："我们在脱贫攻坚领域取得了前所未有的成就，彰显了中国共产党领导和我国社会主义制度的政治优势。"面对新冠肺炎疫情严重冲击，习近平总书记强调："到2020年现行标准下的农村贫困人口全部脱贫，是党中央向全国人民作出的郑重承诺，必须如期实现，没有任何退路和弹性。"这向全党全国人民发出了坚决克服疫情影响、坚决夺取脱贫攻坚战全面胜利的决战动员令。如期完成决战决胜脱贫攻坚目标任务，关键是要坚持党的全面领导，充分发挥中国特色社会主义制度的优势。这是我们最大的自信和底气所在。

### 党的坚强领导为完成脱贫攻坚任务提供根本保证

脱贫攻坚是一个系统工程，必须有一个坚强的领导力量驰而不息地推进，才能排除万难、一步一个脚印稳步走向胜利。我们党从人民中走来、依靠人民发展壮大，有着深厚的人民情怀，把为中国人民谋幸福、为中华民族谋复兴作为自己的初心和使命。秉持这个初心和使命，从上世纪80年代起，我们党就开始有组织、有计划、大规模地进行扶贫开发，努力使贫困地区人民尽快脱贫致富。我们党带领全国各族人民战胜无数艰难险阻，逐步实现贫困人口稳定脱贫。这其中的每一份成绩，都令人叹服和感动。

党的十八大以来，面对还有近1亿贫困人口的现实，以习近平同志为核心的党中央坚持"全面建成小康社会，一个也不能少"，举全党全国之力开展脱贫攻坚。还未脱贫的人口中，许多都是贫中之贫、困中之困，要为他们找到一条迅速见效又能避免返贫的脱贫路径，与以前的扶贫工作相比难度更大、工作要求更高；要为这么多贫困人口制定个性化脱贫方案，并组织大量人力物力贯彻实施，还要破解在这个过程中可能出现的各种整体性、区域性、个体性问题，开展易地扶贫搬迁工程等多项重大建设，难度之大可想而知。习近平总书记强调，必须以更大的决心、更明确的思路、更精准的举措、超常规的力度，众志成城实现脱贫攻坚目标。

面对脱贫攻坚中的种种困难，我们党在实践中深入探索、不断创新，砥砺初心、践行使命，成功走出一条中国特色扶贫开发道路，形成中国特色脱贫攻坚制度体系。这就是加强党对脱贫攻坚工作的全面领导，建立各负其责、各司其职的责任体系，精准识别、精准脱贫的工作体系，上下联动、统一协调的政策体系，保障资金、强化人力的投入体系，因地制宜、因村因户因人施策的帮扶体系，广泛参与、合力攻坚的社会动员体系，多渠道全方位的监督体系和最严格的考核评估体系，构建起顶层设计的“四梁八柱”，为脱贫攻坚提供有力制度保障。事实证明，中国共产党有高效的决策能力、组织能力、动员能力、执行能力。党中央一声令下，广大基层党组织和党员、干部就冲锋向前、攻坚克难，党的领导具有鲜明政治优势。有中国共产党这样始终把人民对美好生活的向往作为自己奋斗目标的马克思主义政党领导，广大干部群众就会坚定信心、一往无前，充分发挥政治优势，克服疫情影响，高质量完成脱贫攻坚任务。

### 中国特色社会主义制度保障人民共享改革发展成果

贫困问题是困扰全人类的难题，一直没有得到有效解决。不论是发展中国家，还是发达国家，都存在贫困人口。世界各国的贫困问题复杂多样，是自然、地理、经济、历史等诸多因素综合影响的结果。在一些国家，贫富分化问题甚至越来越严重。

对于广大发展中国家来说，贫困问题，特别是农村、农民的贫困问题，是一个亟须突破的发展瓶颈。就我国而言，农村贫困问题是历史长期形成的。要实现近 1 亿贫困人口稳定脱贫，这相当于一个世界大国的人口规模，更是一件难度和复杂性非同寻常的工作。我国是社会主义国家，社会主义的本质决定了我们必须解决贫困问题，实现全体人民共同富裕。早在上世纪 80 年代，邓小平同志就强调：“贫穷不是社会主义，社会主义要消灭贫穷。”习近平总书记指出：“发展才是社会主义，发展必须致力于共同富裕。”“发展的目的是造福人民。要让发展更加平衡，让发展机会更加均等、发展成果人人共享，就要完善发展理念和模式，提升发展公平性、有效性、协同性。”“国家越发展，越要把贫困群众基本生活保障好。”“我们搞社会主义，就是要让各族人民都过上幸福美好的生活。”“消除贫困、改善民生、逐步实现共同富裕，是社会主义的本质要求。”

正是基于对共产主义的信仰、对中国特色社会主义的信念、对坚持和发展中国特色社会主义规律的认识，我们党对解决贫困问题高度重视，将其作为自己的一个重要历史使命去推进，并根据我国现实条件明确提出，要稳定实现农村贫困人口不愁吃、不愁穿，义务教育、基本医疗、住房安全有保障。习近平总书记强调：“如果贫困地区长期贫困，面貌长期得不到改变，群众生活长期得不到明显提高，那就没有体现我国社会主义制度的优越性，那也不是社会主义。”坚持和发展中国特色社会主义，从政治上保证了我们努力克服各种风险挑战，聚焦解决绝对贫困问题，使全体人民朝着共同富裕方向稳步前进。党的十八大以来，以习近平同志为核心的党中央从全面建成小康社会要求出发，把脱贫攻坚工作纳入“五位一体”总体布局和“四个全面”战略布局，作为全面建成小康社会的底线任务和标志性指标，作出一系列重大部署和安排，全面打响脱贫攻坚战，脱贫攻坚力度之大、规模之广、影响之深，前所未有。这有力推动了广大人民群众共享改革发展成果，也充分说明我国社会主义制度在消除绝对贫困、实现共同富裕、促进社会公平正义方面具有显著政治优势。

### 集中力量办大事是脱贫攻坚的制胜法宝

分则力散，专则力全。坚持全国一盘棋，调动各方面积极性，集中力量办大事，是我国国家制度和国家治理体系的一个显著优势。我国在这么短的时间内即将实现近 1 亿人口脱贫，在世界上都是了不起的成就。我们为什么能做到这一点？就是因为始终坚持党的领导，保证能够准确聚焦影响全局的大事；充分发挥中国特色社会主义制度优势，集中一切必要的人力、物力办成这件看似难以办成的大事。

在这次疫情防控阻击战中，集中力量办大事的显著优势体现得淋漓尽致。面对疫情冲击，我们党始终把人民群众生命安全和身体健康放在第一位，迅速调动各地和军队大量医务人员源源不断奔赴救治一线，持续调配全国医疗物资和生活用品支援疫情严重地区，并推动众多企业迅速转产增产急需的救援物资。我们集中一切必要资源抗击疫情，用团结一致的中国力量诠释了我们的政治优势和制度优势。

在脱贫攻坚战中，集中力量办大事同样是保证我们战胜各种困难、啃下最难啃的“硬骨头”的重要法宝。党的十八大以来，我们党集中优势兵力打攻坚战，第一次把脱贫攻坚作为五年规划纲要的重要内容，第一次把贫困人口脱贫作为五年规划的约束性指标，第一次由省区市党政一把手向中央签署脱贫攻坚责任书，并层层立下军令状。集中力量重点解决深度贫困地区公共服务、基础设施、基本医疗保障等问题。动员全社会参与，构建专项扶贫、行业扶贫、社会扶贫等多方力量、多种举措有机结合和互为支撑的“三位一体”大扶贫格局，形成跨地区、跨部门、跨行业、全社会共同参与的社会扶贫体系。特别是推动党政军机关、企事业单位开展定点扶贫，坚持发挥单位、行业优势与立足贫困地区实际相结合，取得积极成效，为打赢脱贫攻坚战作出重要贡献。我们党推动东西部扶贫协作和对口支援，形成多层次、多形式、全方位的扶贫协作和对口支援格局，使区域发展差距扩大的趋势得到逐步扭转，西部贫困地区、革命老区扶贫开发取得重大进展，国家区域发展总体战略得到有效实施，区域发展协调性增强，开创了优势互补、长期合作、聚焦扶贫、实现共赢的良好局面。

当前，脱贫攻坚在最后冲刺阶段遭遇疫情影响，各项工作任务更重、要求更高。只要我们坚持和发挥中国共产党领导和我国社会主义制度的政治优势，就一定能战胜一个又一个困难、闯过一道又一道难关，如期打赢脱贫攻坚这场硬仗，书写中国奇迹的崭新篇章。

（作者为求是杂志社原社长、湘潭大学马克思主义学院兼职教授）

（《人民日报》2020 年 07 月 16 日第 09 版）

# 全面建成小康社会的科学方法论

陈金龙

到2020年全面建成小康社会，是我们党向人民、向历史作出的庄严承诺。党的十八大以来，以习近平同志为核心的党中央从战略高度统筹推进全面建成小康社会，坚决打赢决胜全面小康三大攻坚战，形成了全面建成小康社会的科学方法论。这一科学方法论是马克思主义思想方法和工作方法的集中体现，为决胜全面小康提供了思想指引和实践指南。

## 从战略高度认识与谋划全面建成小康社会

全面建成小康社会是实现中华民族伟大复兴中国梦的关键一步。习近平总书记将全面建成小康社会摆到战略目标高度来认识，置于战略布局中来谋划，彰显了马克思主义政治家、思想家、战略家高瞻远瞩的战略思维。

党的十五大首次提出“两个一百年”奋斗目标，党的十六大、党的十七大将全面建设小康社会作为第一个百年奋斗目标提了出来。党的十八大综观国际国内大势，提出到2020年全面建成小康社会。由“建设”到“建成”，一字之差，赋予全面小康更高的标准、更丰富的内涵。实现这一目标，国家发展和人民生活水平将迈上一个新台阶，并为实现第二个百年奋斗目标、实现中华民族伟大复兴奠定坚实基础，具有重要战略意义。“十三五”时期与实现全面建成小康社会奋斗目标的时间节点高度契合，“十三五”规划聚焦这一目标来制定和实施，为全面建成小康社会提供了依托和支撑。

为确保全面建成小康社会目标如期实现，党的十八大以来，以习近平同志为核心的党中央从坚持和发展中国特色社会主义全局出发，提出并形成了“四个全面”战略布局。其中，全面建成小康社会是战略目标，全面深化改革、全面依法治国、全面从严治党是战略举措，服务于战略目标、确保战略目标的实现。通过全面深化改革，推进国家治理体系和治理能力现代化，破除全面建成小康社会的制度瓶颈，不断激发社会活力，解放和发展生产力。全面依法治国，坚持依法治国、依法执政、依法行政共同推进，坚持法治国家、法治政府、法治社会一体建设，实现科学立法、严格执法、公正司法、全民守法，确保国家生活和社会生活有序运行，实现社会和谐稳定。全面深化改革和全面依法治国，为全面建成小康社会提供发展动力和法治保障。全面从严治党，把党建设得更加坚强有力，特别是解决妨碍全面建成小康社会的干部作风问题，如脱贫攻坚中的形式主义、官僚主义、弄虚作假、急躁厌战情绪和消极腐败现象，为全面建成小康社会提供政治保障。

当今世界正经历百年未有之大变局，国际国内环境发生深刻复杂变化，各种风险挑战明显增多，但经济全球化的大势没有变，我们仍处在重要战略机遇期的判断没有变，这是实现全面建成小康社会目标的有利条件。突如其来的新冠肺炎疫情对我国经济社会发展带来前所未有的冲击，但我国经济稳中向好、长期向好的基本趋势没有改变。从要素支撑看，产业基础比较好，配套能力比较强，劳动力比较充裕，人力资本不断积累，这些都能够有效支撑我国经济中长期增长。应对疫情催生的许多新产业新业态快速发展，为加快科技发展、推动产业优化升级带来新机遇。全面把握战略机遇期内涵和条件的变化，才能应对挑战，赢得主动、赢得优势，确保全面建成小康社会目标的实现。

### 坚持统筹兼顾，确保如期全面建成小康社会

习近平总书记指出："统筹兼顾是中国共产党的一个科学方法论。它的哲学内涵就是马克思主义辩证法。"全面建成小康社会是建成高标准的小康社会、覆盖全面的小康社会，需要增强辩证思维，坚持统筹兼顾。统筹推进疫情防控和经济社会发展，是确保如期全面建成小康社会的新要求，是辩证思维的具体运用。

进入新时代，党中央顺应经济社会发展新要求和广大人民群

众新期待，提出了全面建成小康社会新的目标要求，赋予“小康”更高标准。全面建成小康社会，意味着经济高质量发展、人民生活水平和质量普遍提高、国民素质和社会文明程度显著提高、生态环境质量总体改善、各方面制度更加成熟更加定型。在努力建设高标准的小康社会的同时，我们也要深刻认识到，对于全面小康要辩证、全面地看待。由于我国幅员辽阔，各地发展差距较大，生产力发展水平多层次，全面建成小康社会不可能是同一水平小康。全面建成小康社会，既要坚持一定标准，又要防止好高骛远，脱离国情和实际盲目提高标准。

全面建成小康社会强调的不仅是“小康”，更为重要的是“全面”。“小康”是发展水平的要求，“全面”是发展平衡性、协调性、可持续性的要求。全面小康覆盖的领域全面，是经济、政治、文化、社会、生态文明全面发展的小康社会。其中，经济发展是基础，全面建成小康社会必须坚持以经济建设为中心，通过经济发展带动整个社会进步。全面小康覆盖的人口全面，是惠及全体人民的小康，特别是让农村和贫困地区人民一道迈入小康，共享发展成果是全面建成小康社会的内在要求。全面小康覆盖的区域全面，是城乡区域共同的小康。没有农村的全面小康和欠发达地区的全面小康，就没有全国的全面小康。全面建成小康社会要求统筹城乡区域发展，逐步缩小城乡区域发展差距，促进城乡区域共同繁荣。

新冠肺炎疫情对全面建成小康社会目标的实现造成较大影响，努力把损失降到最低，确保全面建成小康社会目标的实现，要求在常态化疫情防控条件下，坚持稳中求进工作总基调，坚定实施扩大内需战略，坚持以改革开放为动力推动经济高质量发展。全面推进复工复产达产，畅通产业循环、市场循环、经济社会循环，加快推进投资项目建设，形成供需良性互动，恢复正常经济社会秩序。加快5G、物联网、人工智能、工业互联网等新型基础设施建设，培育壮大新的增长点增长极，着力解决发展不平衡不充分问题，维护经济发展和社会稳定大局。

### 坚持抓住关键、重点突破，打赢决胜全面小康三大攻坚战

经济社会发展的短板是制约全面建成小康社会的主要因素。党的十九大提出坚决打好防范化解重大风险、精准脱贫、污染防治的攻坚战。打赢三大攻坚战，努力补短板、强弱项，确保全面建成小康社会，体现了抓住关键、重点突破的工作思路。

坚持底线思维，完善风险防控机制，建立健全风险研判机制、决策风险评估机制、风险防控协同机制、风险防控责任机制，着力防范化解重大风险，才能确保全面建成小康社会。习近平总书记指出："既要高度警惕'黑天鹅'事件，也要防范'灰犀牛'事件；既要有防范风险的先手，也要有应对和化解风险挑战的高招；既要打好防范和抵御风险的有准备之战，也要打好化险为夷、

转危为机的战略主动战。”全面建成小康社会面临的风险，既包括国内的经济、政治、意识形态、社会、自然风险等，又包括国际的经济、政治、军事、重大传染病风险等。各种风险不是孤立出现的，很可能相互交织叠加，形成风险综合体。如果发生重大风险又应对不力，国家安全就可能面临威胁，全面建成小康社会的进程就可能被迫中断。抗击新冠肺炎疫情斗争，既从一个方面体现了全面建成小康社会面临的风险和挑战，也使我国应对重大风险的能力经受了考验、得到了提升。

农村贫困人口全部脱贫，是全面建成小康社会的标志性指标。没有农村贫困人口全部脱贫，就没有全面建成小康社会。习近平总书记一再强调，小康不小康，关键看老乡，关键看贫困老乡能不能脱贫。党的十八大以来，以习近平同志为核心的党中央实施精准扶贫、精准脱贫，把提高脱贫质量放在首位，做到扶持对象精准、项目安排精准、资金使用精准、措施到户精准、因村派人精准、脱贫成效精准。同时，按照贫困地区和贫困人口的具体情况，实施“五个一批”工程，即发展生产脱贫一批，易地搬迁脱贫一批，生态补偿脱贫一批，发展教育脱贫一批，社会保障兜底一批。到2019年年底，全国农村贫困人口降至551万人。确保如期全面完成脱贫攻坚任务，是确保全面建成小康社会的关键。党中央要求加大脱贫攻坚力度，复工复产中优先使用贫困地区劳动力，以利于脱贫攻坚目标任务的完成。

改革开放以来，我国经济发展取得巨大成就。同时，在发展过程中也积累了一些生态环境问题，特别是一些地区大气、水、土壤污染严重，成为全面建成小康社会的突出短板。习近平总书记指出："不能一边宣布全面建成小康社会，一边生态环境质量仍然很差，这样人民不会认可，也经不起历史检验。"党的十八大以来，以习近平同志为核心的党中央把生态文明建设作为统筹推进"五位一体"总体布局和协调推进"四个全面"战略布局的重要内容，开展一系列根本性、开创性、长远性工作，提出一系列新理念新思想新战略。为实现生态环境保护水平同全面建成小康社会目标相适应，党中央要求摒弃"先污染、后治理"的老路、摒弃损害甚至破坏生态环境的增长模式，践行绿水青山就是金山银山的理念，坚持节约资源和保护环境的基本国策，坚持节约优先、保护优先、自然恢复为主的方针，坚定走生产发展、生活富裕、生态良好的文明发展道路。以改善生态环境质量为核心，打赢蓝天、碧水、净土保卫战，统筹开展全国生态保护与修复，就能让良好生态环境成为人民幸福生活的增长点、成为全面建成小康社会的支撑点。

（作者为广西师范大学马克思主义学院特聘教授、教育部习近平新时代中国特色社会主义思想研究中心研究员）

（《人民日报》2020 年 07 月 23 日第 09 版）

# 任何困难都不能阻挡脱贫攻坚脚步

刘　伟

今年 3 月，习近平总书记在统筹推进新冠肺炎疫情防控和经济社会发展工作的紧要关头，在脱贫攻坚倒计时 300 天的时间节点，出席决战决胜脱贫攻坚座谈会并发表重要讲话，进行再动员、再部署，体现了我们党打赢脱贫攻坚战的坚定意志和必胜决心。疫情增加了脱贫攻坚难度，但不能阻挡我们如期实现全面脱贫的伟大目标。

## 到 2020 年我国现行标准下农村贫困人口实现脱贫，是我们党的庄严承诺

消除贫困是当代世界发展面临的一个重要课题。无论是发达国家还是发展中国家，都存在不同类型、不同程度的贫困现象。对于二战后实现独立的发展中国家来说，如何实现发展、消除贫困，已经成为经济社会发展理论和实践的重要课题。我国坚持走中国特色社会主义道路，经济社会发展取得巨大成就，在扶贫脱

贫方面的成绩得到国际社会高度认可。

新中国成立之初，人均国内生产总值（GDP）只有几十美元，工业制造业产值占国民经济的比重仅为10%左右。经过几十年建设，我国建立起独立的、比较完整的工业体系和国民经济体系，国民经济实现大幅增长。特别是改革开放以来，随着中国特色社会主义制度的完善发展和社会生产力水平快速提高，我国人均GDP到1999年跨过世界银行划分的低收入水平线，进入下中等收入阶段；2010年进入上中等收入阶段；2019年突破1万美元，接近目前世界平均水平。

在推动经济社会发展的同时，我国不懈探索脱贫之路。习近平总书记强调："消除贫困、改善民生、逐步实现共同富裕，是社会主义的本质要求，是我们党的重要使命"。从救济式扶贫到开发式扶贫，再到党的十八大以来实施精准扶贫精准脱贫基本方略，我们走出了一条脱贫攻坚的中国道路，创造了举世瞩目的减贫奇迹。党的十八大以来，我国累计减贫9348万人，94%的贫困县实现摘帽，全国农村贫困人口从2012年末的9899万人减至2019年末的551万人，贫困发生率从10.2%下降至0.6%；贫困群众"两不愁三保障"基本实现，脱贫内生动力得到加强，贫困家庭劳动收入明显提升，返贫人口逐年减少；贫困地区基础设施和基本生产生活条件显著改善；脱贫攻坚中积累的政策经验、人力物力等，为如期完成脱贫攻坚目标任务奠定了坚实基础。党的十九大报告强调："确保到二〇二〇年我国现行标准下农村贫困人口实现脱贫，贫困县全部摘帽，解决区域性整体贫困，做到脱真贫、真脱贫。"这体现了我们党在新时代的担当。坚决打赢脱贫攻坚战，确保到2020年我国现行标准下农村贫困人口实现脱贫，贫困县全部摘帽，让贫困人口和贫困地区同全国一道进入全面小康社会，是我们党的庄严承诺，是对中华民族、对人类都具有重大意义的伟业。任何困难都不能阻挡我们如期实现脱贫攻坚目标的脚步。

## 疫情没有改变我国如期完成脱贫攻坚目标任务的基本条件

突如其来的新冠肺炎疫情给世界经济带来巨大冲击，也对我国经济造成较大影响。当前，疫情仍在全球蔓延，对世界经济的巨大冲击将继续发展演变，我们面临的外部风险挑战明显增多。但是，疫情对脱贫攻坚总体进程的影响是局部的，不会影响脱贫攻坚全局。

今年以来，面对新冠肺炎疫情带来的严峻考验和复杂多变的国内外环境，在以习近平同志为核心的党中央坚强领导下，全党全军全国各族人民上下同心、全力以赴，采取最严格、最全面、最彻底的防控举措，全国疫情防控阻击战取得重大战略成果，统筹推进疫情防控和经济社会发展工作取得积极成效。上半年我国经济先降后升，二季度经济增长由负转正，主要指标恢复性增长，经济运行稳步复苏，基本民生保障有力，市场预期总体向好，社会发展大局稳定，为完成脱贫攻坚目标任务夯实了基础。全国大部分深度贫困地区，受此次疫情影响相对较轻，正逐步实现全面复工复产复商复市。从总体上看，贫困地区有条件有能力抓紧推进脱贫攻坚收官之年的各项工作。

还应看到，疫情主要影响的是部分贫困家庭的短期收入，对“两不愁三保障”的影响不大。数据显示，大多数已脱贫的贫困户平均收入高于贫困线，疫情冲击虽然会在一定程度上影响他们的收入，但不会带来大规模返贫。党的十八大以来，我国落实“三保障”的政策体系愈加完善，保障内容更加全面：义务教育保障政策的内容包括“两免一补”等；基本医疗保障政策的内容包括大病保险、医疗救助等；住房安全保障政策的内容包括危房改造、易地扶贫搬迁等。目前，我国已编织起较为系统牢固的义务教育、基本医疗、住房安全保障网，这些都不会因疫情冲击而受到影响。

### 确保脱贫攻坚战如期收官

今年是决胜全面建成小康社会、决战脱贫攻坚之年。党的集中统一领导为打赢脱贫攻坚战提供根本保证，雄厚的物质基础和精准扶贫政策为打赢脱贫攻坚战提供坚强支撑，将确保如期完成脱贫攻坚目标任务。

党的集中统一领导为打赢脱贫攻坚战提供根本保证。中国共产党领导是中国特色社会主义最本质的特征，是中国特色社会主义制度的最大优势。依靠我们党的坚强领导和中国特色社会主义制度的显著优势，我国能够实现全国一盘棋、集中力量办大事，凝聚起决战决胜脱贫攻坚的强大合力。党的十八大以来，以习近平同志为核心的党中央把脱贫攻坚作为全面建成小康社会的底线任务和标志性指标，作出一系列重大部署。脱贫攻坚任务期内，县级领导班子保持相对稳定，贫困县党政正职领导干部实行不脱贫不调整、不摘帽不调离。中央单位和各级政府有效落实帮扶责任，近300个中央单位参与定点扶贫，实现对592个贫困县全覆盖，示范带动省（区、市）层层组织开展定点扶贫工作。东部经济发达县结对帮扶西部贫困县“携手奔小康行动”和民营企业“万企帮万村行动”，有效调动了全社会扶贫资源。我们党总揽全局、协调各方的领导核心作用在脱贫攻坚战中得到集中体现，党的集中统一领导为打赢脱贫攻坚战提供根本保证。

我国经济长期向好的基本面为打赢脱贫攻坚战提供坚强物质基础。改革开放以来，我国积累了雄厚物质基础，2019年国内生产总值达到近百万亿元，拥有1亿多市场主体和1.7亿多受过高等教育或拥有各类专业技能的人才，还有包括4亿多中等收入群体在内的14亿人口所形成的超大规模内需市场，新产业、新业态、新模式发展迅速，高质量发展持续推进。近年来，面对经济下行压力，我国没有搞“大水漫灌”式的强刺激，而是采取大规模减税降费、优化营商环境等改革举措，使经济运行在合理区间，展现出强大韧性和深厚潜力。疫情发生后，我们迅速采取最严格、最全面、最彻底的防控举措，及早控制住疫情，为恢复经济社会发展创造了条件。在做好常态化疫情防控的前提下，加快恢复经济社会发展活力，推动企业复工复产，二季度全国规模以上工业增加值同比增长 4.4%，服务业增加值同比增长 1.9%，固定资产投资降幅收窄。实践证明，疫情没有改变我国经济稳中向好、长期向好的基本趋势，没有改变我国经济潜力足、韧性强、回旋空间大、政策工具多的基本特点。我国经济长期向好的基本面和经济社会发展活力加快恢复，为打赢脱贫攻坚战提供坚实物质基础。

精准扶贫政策为打赢脱贫攻坚战提供有力支撑。今年以来，党中央在产业扶贫、就业扶贫、兜底保障等多方面再出组合拳，确保如期完成脱贫攻坚目标任务。在企业复工复产和各类项目建设方面，优先安排贫困劳动力务工，继续实行点对点有效对接，特别是做好挂牌督战县贫困劳动力就业工作。在以工代赈带动就业增收方面，国家发改委分批下达了 2020 年以工代赈资金 56 亿元，重点投向“三区三州”等深度贫困地区和湖北等受疫情影响比较严重的地区，预计将吸纳 30 万受疫情影响无法外出的贫困劳动力在家门口实现就业增收。对低收入群体特别是困难群体加大保障力度，从 3 月到 6 月，将社会救助和保障标准与物价上涨挂钩联动机制的每月价格临时补贴标准提高 1 倍，并将孤儿、事实无人抚养儿童和符合条件的参保失业人员纳入政策范围，覆盖人群超过 6700 万人。同时，将受疫情影响的困难群众纳入低保、特困人员供养和临时救助等政策保障和就业援助范围，兜牢民生底线。各项精准扶贫政策确保巩固脱贫攻坚成果，确保全面小康路上一个都不能少。

（作者为中国人民大学校长、中国人民大学习近平新时代中国特色社会主义思想研究院理事长）

（《人民日报》2020 年 07 月 24 日第 09 版）

# 确保完成脱贫攻坚这个硬任务

赵长茂

党的十八大以来，以习近平同志为核心的党中央把脱贫攻坚作为全面建成小康社会的底线任务和标志性指标，全面打响脱贫攻坚战，作出一系列重大部署，取得重大战略成果。今年是全面建成小康社会的收官之年，脱贫攻坚已到决战决胜之时。如期实现脱贫攻坚目标，是全面建成小康社会必须完成的硬任务。

## 充分认识脱贫攻坚任务之“硬”

到 2020 年现行标准下的农村贫困人口全部脱贫，是我们党向全国人民作出的郑重承诺。我们党一路走来，始终坚持以人民为中心，所做的一切工作都是为了人民得解放、人民得温饱、人民得富裕、人民得幸福。脱贫攻坚是我们党在新时代肩负的历史责任，是必须完成的历史任务。

脱贫攻坚越接近目标，要啃的“骨头”越硬。比如，“三区三州”深度贫困地区整体脱贫的难度非常大。目前尚未脱贫的深度贫困地区，地处偏远、交通闭塞、生态脆弱，自然条件和生存环境恶劣、扶贫成本高，群众增收极其困难。2017 年 6 月，习近平总书记在山西主持召开深度贫困地区脱贫攻坚座谈会时指出：“脱贫攻坚本来就是一场硬仗，而深度贫困地区脱贫攻坚更是这场硬仗中的硬仗。”要求集中力量攻克“三区三州”等深度贫困堡垒。今年 3 月 6 日，习近平总书记在决战决胜脱贫攻坚座谈会上的重要讲话中指出：“全国还有 52 个贫困县未摘帽、2707 个贫困村未出列、建档立卡贫困人口未全部脱贫。虽然同过去相比总量不大，但都是贫中之贫、困中之困，是最难啃的硬骨头。”另外，“剩余建档立卡贫困人口中，老年人、患病者、残疾人的比例达到 45.7%。”可见，如期完成脱贫攻坚任务必须付出更大努力。

脱贫必须是高质量脱贫，即实实在在、没有水分、经得起考核检验的脱贫，脱贫成果能够巩固、脱贫群众收入比较稳定、返贫风险低。从目前已脱贫群众的实际情况看，“两不愁”问题已得到较好解决，但已基本解决的“三保障”问题要稳定住、巩固好，还需要做很多工作。有的农村孩子反复失学辍学，一些乡村医疗服务水平较低，一些农村危房改造质量不高，一些地方安全饮水不稳定、存在季节性缺水情况，等等。这些问题都亟待解决。需要引起重视的是，据各地初步摸底，已脱贫人口中有近 200 万人存在返贫风险，边缘人口中还有近 300 万存在致贫风险。从这些情况和数据可以看出，实现高质量脱贫绝不是一件容易的事。

突如其来的新冠肺炎疫情，对进入“冲刺”阶段的脱贫攻坚造成不利影响。习近平总书记指出：“今年脱贫攻坚要全面收官，原本就有不少硬仗要打，现在还要努力克服疫情的影响，必须再加把劲，狠抓攻坚工作落实。”疫情使贫困地区经济社会发展受到一定冲击，贫困人口增收受到一定影响。直接肩负脱贫攻坚责任的各级干部，面临的压力更大，完成任务的难度更大。

### 打赢脱贫攻坚硬仗须集中发挥优势

发挥自身优势、用好优势资源攻坚克难、推动事业发展，是中国共产党人的一条成功经验。面对严峻复杂的疫情形势，如期完成脱贫攻坚任务，必须充分利用有利条件，调动一切积极因素，集中发挥好制度、队伍、经验等优势。

发挥制度优势。中国共产党领导是中国特色社会主义最本质的特征，是中国特色社会主义制度的最大优势。坚持全国一盘棋，调动各方面积极性，集中力量办大事，是我国国家制度和国家治理体系的显著优势之一。扶贫开发、脱贫攻坚取得举世瞩目的伟大成就，从根本上说是因为充分发挥了我们党的领导和我国社会主义制度优势。今年 2 月 23 日，习近平总书记出席统筹推进新冠肺炎疫情防控和经济社会发展工作部署会议并发表重要讲话，提出坚决完成脱贫攻坚任务的要求并作出相关部署。3 月 6 日，习近平总书记在决战决胜脱贫攻坚座谈会上的重要讲话中，对脱贫攻坚进行再动员、再部署，强调“脱贫攻坚越到最后越要加强和改善党的领导”。中共中央办公厅印发《关于持续解决困扰基层的形式主义问题为决胜全面建成小康社会提供坚强作风保证的通知》，从制度层面为打赢脱贫攻坚战提供了坚强保证。

发挥队伍优势。打赢脱贫攻坚战，关键在人。宏大事业是靠坚强队伍干出来的。事实证明，我们的扶贫干部队伍是一支熟悉情况、经过磨砺、经验丰富、吃苦耐劳、能打硬仗的队伍。全国共派出 25.5 万个驻村工作队、累计选派 290 多万名县级以上党政机关和国有企事业单位干部到贫困村和软弱涣散村担任第一书记或驻村干部。完成最后阶段脱贫攻坚硬任务，必须继续紧紧依靠这支队伍并充分发挥其作用。决战决胜，队伍的士气和精神状态非常重要，气可鼓而不可泄。攻克最后贫困堡垒，必须一鼓作气，在解决突出问题上不放松、不停顿、不懈怠。对扶贫干部，除了严格要求，组织上还要更多关心他们的工作生活和成长，为他们提供更好保障，以切实措施调动他们的积极性，使他们在脱贫攻坚战中保持高昂士气和饱满的精神状态。

发挥经验优势。脱贫攻坚的巨大成功，说明我国在摆脱贫困上不仅有办法，而且有思路、有经验。2018 年 2 月，习近平总书记在成都主持召开打好精准脱贫攻坚战座谈会，对脱贫攻坚经验作了“六个坚持”的概括：坚持党的领导、强化组织保证，落实脱贫攻坚一把手负责制，省市县乡村五级书记一起抓，为脱贫攻坚提供坚强政治保证；坚持精准方略、提高脱贫实效，解决好扶持谁、谁来扶、怎么扶、如何退问题，扶贫扶到点上扶到根上；坚持加大投入、强化资金支持，发挥政府投入主体和主导作用，吸引社会资金广泛参与脱贫攻坚；坚持社会动员、凝聚各方力量，充分发挥政府和社会两方面力量作用，形成全社会广泛参与脱贫攻坚格局；坚持从严要求、促进真抓实干，把全面从严治党要求贯穿脱贫攻坚工作全过程和各环节，确保帮扶工作扎实、脱贫结果真实，使脱贫攻坚成效经得起实践和历史检验；坚持群众主体、激发内生动力，充分调动贫困群众积极性、主动性、创造性，用人民群众的内生动力支撑脱贫攻坚。这些经验弥足珍贵，是脱贫攻坚长期实践积累的宝贵财富。用好这些经验，能够为完成脱贫攻坚硬任务提供有力支撑。

### 抓好脱贫攻坚硬任务再聚焦再落实

为确保如期完成脱贫攻坚目标任务，确保全面建成小康社会，以习近平同志为核心的党中央面对新形势新挑战特别是疫情冲击，对脱贫攻坚进行再动员、再部署，强调目标任务必须“如期”“全面”“高质量完成”，“没有任何退路和弹性”，要有“数据支撑”“经得起历史和人民检验”。各级责任主体必须进一步坚定信心、正视问题，化压力为动力，聚焦目标任务，扎扎实实抓落实。

习近平总书记在决战决胜脱贫攻坚座谈会上的重要讲话中，

就确保高质量完成脱贫攻坚目标任务提出具体要求，为打赢脱贫攻坚战提供了基本遵循。各地区各部门落实好这些要求，进一步聚焦目标、明确任务，才能在大局下各司其职、更加有效地做好脱贫攻坚工作。

抓好落实党中央决策部署和最新要求的根本着力点。这个着力点，是统筹推进疫情防控和脱贫攻坚，在常态化疫情防控前提下，抓紧解决复工复产面临的困难和问题，千方百计创造有利条件，更好畅通产业循环、市场循环、经济社会循环，全面推进复工复产达产、复商复市。经济社会秩序不恢复正常，经济不能恢复增长，脱贫攻坚任务就无法完成。据统计，2019 年全国有 2729 万建档立卡贫困劳动力在外务工，这类家庭 2/3 左右的收入来自外出务工，涉及 2/3 左右建档立卡贫困人口。如果经济不能恢复增长，贫困劳动力就不能外出务工，贫困家庭和人口的收入就会受到影响，扶贫项目也不能按计划推进。对于完成脱贫攻坚硬任务而言，恢复经济增长不仅重要而且紧迫。

坚持稳中求进工作总基调，在稳住经济基本盘基础上积极进取。以更大的宏观调控力度对冲疫情影响，财政政策要更加积极有为、注重实效，货币政策要更加灵活适度、精准导向，积极扩大国内需求。立足于脱贫攻坚，统筹协调，加强劳务输出地和输入地对接，在复工复产中优先使用贫困地区劳动力，畅通贫困地区商品流通渠道，支持扶贫龙头企业、扶贫车间复工复产达产，加大产业扶贫力度。继续扩大专项扶贫资金规模，深化东西部扶贫协作和中央单位定点扶贫。力戒形式主义，不因任务艰巨繁重而降低标准、弄虚作假。进一步明确并细化脱贫攻坚责任，加强责任落实情况考核，除考核任务时间进度、数量指标外，还对任务完成的质量情况进行科学考核。

脱贫攻坚是各级党委和政府、干部和群众共同的事业，是一项系统工程。“上下同欲者胜”。只要上下一心、各方联动，干部群众拧成一股绳，劲往一处使，这一伟大而艰巨的历史任务就一定能如期全面高质量完成。

（作者为中央党校原副校长、中央党校（国家行政学院）习近平新时代中国特色社会主义思想研究中心研究员）

（《人民日报》2020 年 08 月 03 日第 09 版）

# 奋力夺取脱贫攻坚战全面胜利

广东省习近平新时代中国特色社会主义思想研究中心

全面建成小康社会，最艰巨的任务是脱贫攻坚，最突出的短板在于农村贫困人口。当前，脱贫攻坚已经到了决战决胜的关键时期。我们必须深刻认识打赢脱贫攻坚战的特殊重要性，越到紧要关头越要坚定信心、真抓实干，坚决克服新冠肺炎疫情带来的影响，集中力量啃下脱贫硬骨头，多措并举巩固成果，确保高质量完成脱贫攻坚目标任务，奋力夺取脱贫攻坚战全面胜利。

## 决战决胜脱贫攻坚意义深远

党的十八大以来，我国贫困人口从 2012 年底的 9899 万人减到 2019 年底的 551 万人，贫困发生率由 10.2% 降至 0.6%，连续 7 年每年减贫 1000 万人以上，彰显了中国共产党领导和我国社会主义制度的政治优势。彻底打赢这场脱贫攻坚战，具有深远历史意义和重大现实意义。

实现中华民族摆脱绝对贫困的夙愿。过上殷实富足的小康生活，是中华民族的美好愿望。这个美好愿望只有在中国共产党领导下，才有了真正实现的可能。我们党自诞生之日起，就将消除贫困、让人民过上好日子作为铭记于心的追求、扛在肩头的担当。新中国成立后特别是改革开放以来，我们党持续推动扶贫减贫工作。党的十八大以来，以习近平同志为核心的党中央坚持“全面建成小康社会，一个都不能少”，脱贫攻坚力度之大、规模之广、影响之深前所未有。如今，决战决胜脱贫攻坚不断取得新进展，越来越多的贫困地区传来脱贫摘帽的好消息。作为全面建成小康社会的底线任务和标志性指标，全面打赢脱贫攻坚战标志着千百年来困扰中华民族的绝对贫困问题将历史性地划上句号。

彰显我国社会主义制度的巨大优越性。习近平总书记指出：“共同富裕是中国特色社会主义的根本原则，实现共同富裕是我们党的重要使命。”实现共同富裕，反映了社会主义的本质要求，体现了以人民为中心的根本立场，彰显了我国社会主义制度的巨大优越性。我们党正确处理先富、后富和共富的关系，在不断保障和改善民生、增进人民福祉的基础上，努力朝着实现全体人民共同富裕的目标不断迈进。脱贫攻坚战打响以来，贫困地区经济社会发展明显加快，贫困群众收入水平大幅度提高，“两不愁”质量水平明显提升，“三保障”突出问题总体解决，有力促进了共同富裕，深刻体现了社会主义制度的优越性。

为人类减贫事业贡献中国智慧、中国方案。消除贫困是人类共同面临的重大课题。习近平总书记指出："今年脱贫攻坚任务完成后，我国将有 1 亿左右贫困人口实现脱贫，提前 10 年实现联合国 2030 年可持续发展议程的减贫目标，世界上没有哪一个国家能在这么短的时间内帮助这么多人脱贫，这对中国和世界都具有重大意义。"中国对全球减贫的贡献率超过 70%，这在世界范围看都是了不起的成就。从这些成就中我们可以总结出许多经验，如精准扶贫精准脱贫基本方略，集中力量办大事、动员全社会参与，把扶贫同扶志、扶智结合起来，等等。这些智慧和经验将为人类战胜贫困提供有益借鉴。

## 打赢脱贫攻坚战底气十足

打赢脱贫攻坚战、全面建成小康社会，是我们党对人民的庄严承诺。打赢脱贫攻坚战，任务艰巨繁重，收官之年又遭遇新冠肺炎疫情影响，各项工作任务更重、要求更高。习近平总书记指出："我们要努力克服新冠肺炎疫情带来的不利影响，付出更加艰辛的努力，坚决夺取脱贫攻坚战全面胜利。"党的十八大以来，在以习近平同志为核心的党中央坚强领导下，在全党全国全社会共同努力下，我国脱贫攻坚取得决定性成就。我们有必胜的信心和决心，确保今年如期完成脱贫攻坚目标任务。

信心来自习近平总书记关于脱贫攻坚重要论述的科学指引。在脱贫攻坚的伟大实践中，习近平总书记发表一系列重要论述，为打赢脱贫攻坚战提供了科学指引。习近平总书记强调："扶贫开发贵在精准，重在精准，成败之举在于精准。""要坚持因人因地施策，因贫困原因施策，因贫困类型施策，区别不同情况，做到对症下药、精准滴灌、靶向治疗，不搞大水漫灌、走马观花、大而化之。""扶贫开发是全党全社会的共同责任，要动员和凝聚全社会力量广泛参与。""要加强扶贫同扶志扶智相结合，让脱贫具有可持续的内生动力。""精准施策要深入推进，扎实做好产业扶贫、易地扶贫搬迁、就业扶贫、危房改造、教育扶贫、健康扶贫、生态扶贫等重点工作。"习近平总书记关于脱贫攻坚的重要论述，是我国脱贫攻坚伟大实践和宝贵经验的理论结晶，是习近平新时代中国特色社会主义思想的重要组成部分，为我们决战决胜脱贫攻坚提供了根本遵循。

信心来自中国共产党领导和我国社会主义制度的政治优势。习近平总书记强调："我们在脱贫攻坚领域取得了前所未有的成就，彰显了中国共产党领导和我国社会主义制度的政治优势。"制度是管根本、管基础、管长远的。坚持中国共产党领导这一中国特色社会主义制度的最大优势，充分发挥中国特色社会主义制度各方面显著优势，是脱贫攻坚取得决定性成就的重要原因。我们始终坚持党的领导，充分发挥各级党委总揽全局、协调各方的作用，落实脱贫攻坚一把手负责制，实现省市县乡村五级书记一起抓扶贫，为完成脱贫攻坚目标任务提供有力政治保证和组织保证。我们坚持全国一盘棋，充分发挥集中力量办大事的制度优势，实行东西部扶贫协作和对口支援，加大深度贫困地区政策倾斜力度，在如此短的时间内成功实现大规模人口减贫。只要充分发挥中国共产党领导和我国社会主义制度的政治优势，我们就一定能打赢脱贫攻坚战。

信心来自广大干部群众埋头苦干、真抓实干的奋斗精神。好日子是干出来的，幸福是奋斗得来的。长期困扰中华民族的绝对贫困问题，唯有全国上下团结一心，才能被彻底解决。我们在脱贫攻坚领域取得的前所未有的成就，凝聚着全党全国各族人民的智慧和心血，是广大干部群众扎扎实实干出来的。在脱贫攻坚战场上，各级党组织和广大党员、干部充分发挥战斗堡垒作用和先锋模范作用。7 年多来，290 多万扶贫干部奔赴一线、勇挑重担、攻坚克难，有 700 多名扶贫干部倒在扶贫路上，涌现出了太行山上的“新愚公”李保国、时代楷模黄文秀等优秀代表。他们把自己的青春、热血乃至生命都献给了脱贫攻坚事业，生动展现了无私奉献、忘我牺牲的责任担当。同时，我们充分发挥人民主体作用，调动贫困群众积极性、主动性、创造性，激发其脱贫致富的内生动力，团结带领人民群众共同为脱贫攻坚闯关夺隘。

## 坚决攻克脱贫攻坚最后堡垒

“其作始也简，其将毕也必巨。”脱贫攻坚战不是轻轻松松一冲锋就能打赢的。当前，已经到了攻城拔寨、全面收官阶段，剩下的都是贫中之贫、困中之困，是最难啃的硬骨头，我们面临的困难和挑战依然艰巨。全面建成小康社会，必须啃下硬骨头，攻克脱贫攻坚最后堡垒。

集中优势兵力打歼灭战。聚焦深度贫困地区和未摘帽贫困县，对深度贫困地区贫困人口多、贫困发生率高、脱贫难度大的县和行政村集中发力，组织精锐力量强力帮扶、挂牌督战，瞄准突出问题和薄弱环节狠抓政策落实，确保深度贫困地区如期脱贫摘帽。对居住在自然条件特别恶劣地区的群众，加大易地扶贫搬迁力度，对生态环境脆弱的禁止开发区和限制开发区的群众，增加护林员等公益岗位，对因病致贫群众加大医疗救助、临时救助、慈善救助等帮扶力度，对无法依靠产业扶持和就业帮助脱贫的家庭，实行政策性保障兜底。上下同欲者胜，风雨同舟者兴。只要与贫困群众心往一处想、劲往一处使，我们就一定能如期打赢这场硬仗。

运用政策机制激发内在发展动力。贫困群众是脱贫攻坚的帮扶对象，也是脱贫攻坚的主体力量。扶贫要同扶志、扶智结合起来。没有内生动力，仅靠外部力量，帮扶再多，也不能从根本上解决问题。这就要求我们做好对贫困地区干部群众的宣传、教育、培训、组织工作，让他们心热起来、行动起来，把贫困群众的积极性、主动性、创造性充分调动起来，注重培养贫困群众发展生产和务工经商的基本技能，注重激发贫困地区和贫困群众脱贫致富的内在活力，注重提高贫困地区和贫困群众自我发展能力。多采用生产奖补、劳务补助、以工代赈等政策和机制，教育和引导贫困群众通过自己的辛勤劳动实现脱贫致富。

推进全面脱贫与乡村振兴有效衔接。脱贫不返贫才是真脱贫。如何巩固脱贫成果，是打赢脱贫攻坚战必须解决的重要问题。这就要求我们保持现有帮扶政策总体稳定，过渡期内严格做到摘帽不摘责任、摘帽不摘政策、摘帽不摘帮扶、摘帽不摘监管，加快建立防止返贫监测和帮扶机制，将返贫人口和新发生贫困人口及时纳入帮扶，为巩固脱贫成果提供制度保障。脱贫摘帽不是终点，而是新生活、新奋斗的起点。下一步还应推动减贫战略和工作体系平稳转型，统筹纳入乡村振兴战略，推进全面脱贫与乡村振兴有效衔接，全力让脱贫群众迈向富裕。

（执笔：杜新山　魏安雄）

（《人民日报》2020 年 08 月 13 日第 09 版）

# 确保全面建成小康社会圆满收官

石仲泉

经过艰苦卓绝的努力，我们党带领全国人民即将实现全面建成小康社会的目标，中华民族数千年来的美好憧憬即将全面变成现实。这是一代又一代中国共产党人接续奋斗的结果。在全面建成小康社会收官之年，以习近平同志为核心的党中央向全党全社会发出了脱贫攻坚总攻动员令。我们要凝心聚力、攻坚克难，确保完成脱贫攻坚目标任务，确保全面建成小康社会圆满收官。

## 全面建成小康社会是我们党向人民、向历史作出的庄严承诺

全面建成小康社会，是我们党向人民、向历史作出的庄严承诺。党的十八大以来，以习近平同志为核心的党中央带领全国各族人民为全面建成小康社会不懈奋斗。习近平总书记围绕全面建成小康社会作出一系列重要论述，不断丰富我们对全面建成小康社会的认识，为决胜全面建成小康社会提供了科学指引。

提出“全面小康”是全面发展的小康。习近平总书记指出：

“全面建成小康社会，强调的不仅是‘小康’，而且更重要的也是更难做到的是‘全面’。”“小康”讲的是发展水平，“全面”讲的是发展的平衡性、协调性、可持续性。习近平总书记强调，如果到2020年我们在总量和速度上完成了目标，但发展不平衡、不协调、不可持续问题更加严重，短板更加突出，就算不上真正实现了目标。“全面小康”，覆盖的领域要全面，是经济、政治、文化、社会、生态文明建设“五位一体”全面进步的小康；覆盖的人口要全面，是惠及全体人民的小康；覆盖的区域要全面，是城乡区域共同的小康。

阐明全面建成小康社会新的目标要求。进入新时代，以习近平同志为核心的党中央统筹推进“五位一体”总体布局、协调推进“四个全面”战略布局，紧扣我国社会主要矛盾的变化，提出了全面建成小康社会新的目标要求。比如，创新驱动成效显著，发展协调性明显增强，人民生活水平和质量普遍提高，国民素质和社会文明程度显著提高，生态环境质量总体改善，国家治理体系和治理能力现代化取得重大进展，各领域基础性制度体系基本形成，等等。这些新的目标要求，与党的十六大以来提出的全面建设小康社会的目标要求相衔接，与中国特色社会主义事业总体布局相一致。党的十九大报告进一步强调，全面建成小康社会，我们要统筹推进经济建设、政治建设、文化建设、社会建设、生态文明建设，坚定实施七大战略，特别是要坚决打好三大攻坚战，使全面建成小康社会得到人民认可、经得起历史检验。

明确全面建成小康社会是重大战略目标。在将“全面建成小康社会”作为我们党到2020年奋斗目标的基础上，党的十八届三中全会通过了《中共中央关于全面深化改革若干重大问题的决定》，党的十八届四中全会通过了《中共中央关于全面推进依法治国若干重大问题的决定》。同时，习近平总书记还提出了“全面从严治党”。“四个全面”战略布局是极富远见的重大创新，是对中国特色社会主义实践经验的深刻总结，更加明确了党和国家各项工作的关键环节、重点领域、主攻方向。其中，全面建成小康社会是重大战略目标，全面深化改革、全面依法治国、全面从严治党是三大战略举措。

在决胜全面建成小康社会基础上提出“两步走”战略安排。根据党的十九大报告，我们既要全面建成小康社会、实现第一个百年奋斗目标，又要乘势而上开启全面建设社会主义现代化国家新征程，向第二个百年奋斗目标进军。从2020年到本世纪中叶可以分两个阶段来安排。第一个阶段，从今年到2035年，基本实现社会主义现代化。第二个阶段，从2035年到本世纪中叶，把我国建成富强民主文明和谐美丽的社会主义现代化强国。这是新时代中国特色社会主义发展的战略安排。这一战略安排凸显了全面建成小康社会是实现中华民族伟大复兴的关键一步。

## 打赢脱贫攻坚战是全面建成小康社会的底线任务和标志性指标

贫穷不是社会主义。全面建成小康社会，就是要让全体人民都过上幸福安康的生活。习近平总书记强调："我们不能一边宣布全面建成了小康社会，另一边还有几千万人口的生活水平处在扶贫标准线以下，这既影响人民群众对全面建成小康社会的满意度，也影响国际社会对我国全面建成小康社会的认可度。"正因为如此，我们党把打赢脱贫攻坚战作为全面建成小康社会的底线任务和标志性指标。党的十八大以来，以习近平同志为核心的党中央实施一系列重大举措，以前所未有的力度推动扶贫开发进入脱贫攻坚新阶段，为如期全面建成小康社会奠定了坚实基础。

提出脱贫攻坚贵在精准、重在精准，解决好"扶持谁"问题。2013 年 11 月，习近平总书记在湖南湘西十八洞村首次提出精准扶贫理念，为打赢脱贫攻坚战指明了道路，后来又多次强调落实精准扶贫、精准脱贫举措。精准扶贫、精准脱贫，要求对扶贫对象实行精细化管理，对扶贫资源实行精确化配置，对扶贫对象实行精准化扶持，确保扶贫资源真正用在扶贫对象身上、真正用在贫困地区。精准扶贫、精准脱贫主要抓"六个精准"，即扶持对象精准、项目安排精准、资金使用精准、措施到户精准、因村派人精准、脱贫成效精准，确保各项政策好处落到扶贫对象身上。只有确保把真正的贫困人口弄清楚，把贫困程度、致贫原因等搞清楚，找对“穷根”，明确靶向，才能做到扶真贫、真扶贫，做到因户施策、因人施策。

发挥制度优势，凝聚各方力量，解决好“谁来扶”问题。坚持党的领导、强化组织保证，落实脱贫攻坚一把手负责制，省市县乡村五级书记一起抓，为脱贫攻坚提供坚强政治保证；坚持社会动员、凝聚各方力量，充分发挥政府和社会两方面力量作用，形成全社会广泛参与脱贫攻坚格局，推动东部地区人才、资金、技术向贫困地区流动，推进产业层面合作；构建专项扶贫、行业扶贫、社会扶贫“三位一体”大扶贫格局；等等。这些举措使“谁来扶”的问题有了“硬核”保证。

由“输血式”向“造血式”转变，解决好“怎么扶”问题。扶贫的关键在精准，不能“撒胡椒面”，真正做到一把钥匙开一把锁。按照贫困地区和贫困人口的具体情况实施“五个一批”工程，即发展生产脱贫一批、易地搬迁脱贫一批、生态补偿脱贫一批、发展教育脱贫一批、社会保障兜底一批，就是破解“怎么扶”问题的科学思路。比如，发展生产脱贫一批，就是引导和支持所有有劳动能力的人依靠自己的双手开创美好明天，立足当地资源，实现就地脱贫。易地搬迁脱贫一批，就是贫困人口很难实现就地脱贫的要实施易地搬迁，按规划、分年度、有计划组织实施，确保搬得出、稳得住、能致富。

建立贫困退出机制，解决好“如何退”问题。精准扶贫是为了精准脱贫，这就需要建立达到脱贫标准的退出机制，主要有四点：一是设定时间表，实现有序退出，每年退出多少要心中有数。二是留出缓冲期，摘帽后各方面扶持政策继续执行一段时间，最大限度地减少可能发生的返贫现象。三是实行严格评估，按照摘帽标准验收，确保摘帽结果经得起检验。四是实行逐户销号，切实做到脱贫到人。这样对建档立卡的贫困户实行动态管理，可以使扶贫力量进一步聚焦，能够真正做到不稳定脱贫就不彻底脱钩。

## 为全面建成小康社会跑好“最后一公里”

当前，我们要在科学评估进展状况的基础上，对全面建成小康社会存在的突出短板和必须完成的硬任务进行认真梳理，特别是要凝心聚力打赢脱贫攻坚战。今年3月6日，习近平总书记在决战决胜脱贫攻坚座谈会上发表重要讲话，强调以更大决心、更强力度推进脱贫攻坚，确保取得最后胜利。我们要确保完成决战决胜脱贫攻坚目标任务，为全面建成小康社会跑好“最后一公里”。

提高政治站位，增强决战决胜信心。习近平总书记指出：“到2020年现行标准下的农村贫困人口全部脱贫，是党中央向全国人民作出的郑重承诺，必须如期实现，没有任何退路和弹性。”今年脱贫攻坚任务完成后，一个 14 亿人口大国将彻底解决绝对贫困问题，这无论对中国还是对世界都具有重大意义，充分彰显了中国共产党领导和我国社会主义制度的政治优势。我们要从这样的政治高度来认识决战决胜脱贫攻坚，越到最后越要加强和改善党的领导。要用辩证思维来看待困难和挑战，不断增强决战决胜信心，彰显越是艰险越向前的无畏气概、越是困难越显英雄本色的壮志豪情。

坚持群众路线，提高决战决胜本领。人民是真正的英雄。打赢脱贫攻坚战，要始终坚持党的群众路线，走到群众中间去，一切为了群众、一切依靠群众，问计于民、问需于民，不断增强决战决胜本领。党的十八大以来，习近平总书记经常到贫困地区去考察，到贫困群众家中聊天，与基层干部座谈，因而对农村贫困状况十分了解，对如何解决贫困问题作出一系列重要论述。在决战决胜之时，广大党员干部更要坚持党的群众路线，紧紧依靠群众打赢脱贫攻坚战。

发挥制度优势，凝聚决战决胜力量。我国脱贫攻坚能取得决定性成就，离不开制度优势。决战决胜脱贫攻坚，还要继续发挥制度优势，凝聚决战决胜力量。比如，我们要发挥制度优势，深化东西部扶贫协作和中央单位定点扶贫，帮助中西部地区降低疫情对脱贫攻坚的影响，在劳务协作上帮、在消费扶贫上帮。只要继续发挥制度优势，就一定能完成决战决胜脱贫攻坚目标任务，全面建成小康社会。

（作者为原中央党史研究室副主任）

（《人民日报》2020 年 08 月 19 日第 09 版）

# 扎实做好全面小康兜底夯基工作

中共民政部党组

着力保障和改善民生，增强人民群众的获得感、幸福感、安全感，是全面建成小康社会的内在要求。习近平总书记指出："民政工作关系民生、连着民心，是社会建设的兜底性、基础性工作。"民政工作在党和国家事业发展全局中发挥着民生保障安全网和社会和谐助推器的基础作用，是促进社会公平正义、激发社会发展活力、增进人民福祉的重要工作。今年是全面建成小康社会收官之年，民政工作要更加注重和更好发挥兜底性、基础性作用，把民生底线兜得更牢、治理基础夯得更实，努力让全面建成小康社会的步子更稳、成色更足、质量更高。

## 全面建成小康社会需要强化兜底性、基础性制度安排

全面建成小康社会，强调的不仅是"小康"，更重要、更难做到的是"全面"。全面小康不仅要求发展水平达到小康，更强调覆盖的领域、人口、区域要全面。为此，民政工作要更好履行基本民生保障、基层社会治理、基本社会服务等职责，为全面建

成小康社会、全面建设社会主义现代化国家作出更大贡献。

全面小康是惠及全体人民的小康，保障各类特殊困难群众的基本生活是底线任务。习近平总书记强调：“只要还有一家一户乃至一个人没有解决基本生活问题，我们就不能安之若素。”把特殊困难群众的生活保障好，是民政部门的基本职责，是解决贫中之贫、困中之困的必然要求。截至2019年底，全国共有4316.6万人被纳入最低生活保障，468.7万人被纳入特困救助供养，24.2万孤儿被纳入政府保障，分别有1085.7万人、1368.5万人被纳入困难残疾人生活补贴和重度残疾人护理补贴。2019年，共救助生活无着流浪乞讨人员129.3万人次，给予临时救助917.7万人次。兜底保障特殊困难群众的衣食冷暖，对留守儿童、留守老年人等群体给予必要的监护或关爱，不让他们在全面小康的路上掉队。

全面小康是共建共治共享的小康，加强和创新基层社会治理是必然要求。基层是社会治理的深厚基础和重要支撑。广大城乡社区是党委和政府联系服务群众的综合终端，是落实改革发展举措的“最后一公里”，社区综合服务设施是直接服务群众的“第一窗口”。基层社会治理水平，直接影响着人民群众对全面小康的认同度。突如其来的新冠肺炎疫情，是对我国基层社会治理的一次大考。在疫情防控中，广大城乡社区工作者构筑起联防联控、群防群控的坚固防线，许多社会组织、慈善机构、社会工作者和志愿者积极投身疫情防控。同时，疫情也暴露出一些基层单位工作力量不足、应急资源匮乏、体制机制不顺等短板。全面建成小康社会，必须不断加强和创新基层社会治理。以推进常态化疫情防控为契机，健全城乡基层治理体系，真正把党和政府的惠民之举落实到基层，把矛盾问题化解在基层，使基层社会既和谐稳定又充满活力。

全面小康是不断满足人民美好生活需要的小康，基本社会服务水平要持续提升。新时代，人民群众对公共服务的需求逐步从“有没有”向“好不好”转变。民政部门承担的养老、婚姻、殡葬等基本社会服务，事关群众切身利益。近年来，我国养老服务加快发展，养老院服务质量持续提升，多元化供给能力不断增强。婚姻信息全国联网可查，服务日趋规范。殡葬改革稳步推进，惠民殡葬政策、生态安葬奖补政策广泛实施，殡葬领域的一些突出问题得到整治。同时要看到，还存在养老服务体系不够健全、殡葬服务供给结构和质量有待提升、婚姻登记服务便民化程度有待提高等问题。全面建成小康社会，必须解决好群众关切的操心事、烦心事，着力发展基本社会服务，让群众有更多实实在在的获得感。

### 强化底线思维，编密织牢基本民生保障网

守住底线、突出重点、完善制度、引导预期，是习近平总书记对切实做好民生工作的重要要求。其中首要的是“守住底线”，即重点保障低收入群众的基本生活，集中力量做好普惠性、基础

性、兜底性民生建设工作，综合运用各种救助保障措施，兜住基本生活底线。习近平总书记强调：“对困难群众，我们要格外关注、格外关爱、格外关心，千方百计帮助他们排忧解难，把群众的安危冷暖时刻放在心上，把党和政府的温暖送到千家万户。”当前，我们尤其要强化底线思维，针对不同特殊困难群众分类、精准、综合施策，确保兜住底、兜准底、兜好底。

优先安排脱贫攻坚兜底保障工作。脱贫攻坚既是全面建成小康社会的底线任务，也是标志性指标。在现有贫困人口中，有一部分是丧失劳动能力，无法通过产业扶持、就业帮扶等实现脱贫的人口；还有一部分则是因为各种原因遭遇临时性困难导致收入降低的致贫或返贫人口。对此，要以开展数据比对、摸底排查和监测预警为着力点，健全及时发现机制，落实落细兜底保障政策，做到应保尽保、应养尽养、应补尽补、应帮尽帮、应扶尽扶，编密织牢民生保障网。创新完善社会扶贫参与机制，充分调动社会组织、慈善机构、志愿者等力量，汇聚更强大的帮扶合力。

统筹面向各类特殊困难群众的救助关爱举措。我国已经建立起一整套社会救助制度，但还存在资源分布不均衡、综合效应不强等问题。改革完善社会救助制度，需要在供给侧统筹好不同部门的政策资源，在需求侧统筹好不同对象的救助需求，形成以基本生活救助、专项社会救助、急难社会救助为主体，社会力量参与为补充，覆盖全面、分层分类、综合高效的社会救助格局，更好保障和改善各类低收入困难群众的基本生活。针对特困人员、农村留守儿童、生活困难残疾人和重度残疾人等群体的特点和需求，精准施策、精准发力。对现行政策下无法完全解决基本生活困难的，可通过一事一议研究解决。采取适当扩大救助范围、按时足额发放各类救助金、强化临时救助的救急解难功能等措施，切实保障受疫情影响困难群众的基本生活，让各类特殊困难群众感受到党和政府的温暖、社会的关爱。

提升人民群众对基本社会服务的满意度。民之所盼，政之所向。坚持问题导向、目标导向、结果导向相统一，把人民群众在养老、殡葬、婚姻中的操心事、烦心事当作大事要事来抓来办。针对不断增长、日益多元的养老服务需求，持续推进市场化改革，扩大社会参与，优化城乡、区域布局，增加优质养老服务供给，实现居家、社区、机构养老服务协同发展，促进医养结合服务水平不断提升。加快殡葬改革步伐，构建保基本、广覆盖、可持续的城乡基本殡葬公共服务体系，巩固殡葬领域突出问题专项整治成果。积极培育和践行社会主义核心价值观，推进婚姻领域移风易俗，培育文明健康的婚姻家庭文化，促进婚姻幸福、家庭和谐。

### 促进基层社会和谐稳定，夯实全面小康的社会基础

科学有效协调秩序与活力的关系，保持秩序与活力的动态平衡，是基层社会治理的重要任务。要以加强党对基层社会治理的

领导为统领，一手强管理，一手抓引导，着力推动各类自治组织、社会组织等社会治理主体制度化、规范化、程序化运行，不断拓展社会力量协同高效参与社会治理的广度和深度，推动实现政府治理和社会调节、居民自治的良性互动，不断巩固党的执政基础、群众基础。

健全充满活力的基层群众自治制度。始终着眼于展现社会主义民主的广泛性和真实性、提升基层社会治理实效性、促进基层社会和谐稳定，健全党领导的自治、法治、德治相结合的城乡基层社会治理体系，推进基层民主制度化、规范化、程序化。民政部门要和其他有关部门一道，指导各地村（居）委会依法有序开展民主选举，完善村规民约、居民公约，加大村（居）务公开力度，发展多种形式的基层协商，健全村（居）民主管理和监督制度。坚持和发展新时代“枫桥经验”，适应信息技术快速发展、城乡人口流动加快等新形势，创新拓展群众参与基层事务的办法和渠道。

增强城乡社区服务能力。社区虽小，但连着千家万户。社区工作最终要落脚到为群众提供优质高效的服务上。根据群众实际需要，加强社区综合服务设施建设，加大资源下沉和资金保障力度，引导社会资金投入，更好提供公共服务、便民利民服务，健全以群众自治为主体、社会各方广泛参与的新型社区治理体系，让群众生活和办事更方便、表达诉求的渠道更畅通、感受到的平安和幸福更多。在常态化疫情防控中，加强社区应急管理体系建设。加强社区工作者队伍建设，强化激励保障，提升职业吸引力、凝聚力。推进社区减负增效，建立社区工作事项准入制度，让社区组织腾出更多精力做好服务。

激发社会组织、慈善力量、专业社工、志愿者的正能量。加强党对社会组织的领导，坚持积极引导发展与严格依法管理并重，建立健全社会组织参与基层社会治理的动员激励和监督管理机制。慈善是第三次分配的重要方式。要健全促进慈善事业发展的政策措施，激发慈善组织、爱心企业、爱心人士等慈善主体的活力，规范慈善行为，将守望相助、扶危济困的传统美德发扬光大。志愿服务是群众奉献爱心的重要渠道。要为志愿服务搭建更多平台，让奉献、友爱、互助、进步的志愿精神在新时代熠熠生辉。进一步发挥社会工作者在困难救助、矛盾调处、权益维护、心理辅导、行为矫治等方面的重要作用，进一步壮大这支队伍，为群众提供更多个性化、专业化服务。

优化行政区划设置等服务。稳妥有序优化行政区划设置，发挥其对优化资源配置、推进新型城镇化和城乡融合发展、服务区域经济社会协调发展的作用。进一步规范地名管理，提高地名公共服务水平，加强地名文化建设，更好服务于经济社会发展和政治建设的需要。

（《人民日报》2020 年 08 月 21 日第 09 版）

# 展现人类减贫史上的大国担当

何毅亭

贫困是世界各国普遍面临的问题，反贫困是古今中外治国理政的一件大事。中国共产党领导中国人民坚持和完善中国特色社会主义制度，从根本上为消除贫困、改善民生、逐步实现全体人民共同富裕奠定了制度基础。新中国成立后特别是改革开放以来，中国共产党致力于消除贫困，取得显著成就。党的十八大以来，以习近平同志为核心的党中央从全面建成小康社会全局出发，把脱贫攻坚纳入“五位一体”总体布局和“四个全面”战略布局，全面打响脱贫攻坚战，扶贫规模之大、脱贫力度之大、减贫成效之大在世界上都是绝无仅有的。我国成为世界上减贫人口最多的国家，也是世界上率先完成联合国千年发展目标的国家，为世界减贫事业贡献了中国智慧和中国方案，在人类减贫史上展现了大国担当。

## 理论突破：丰富和发展马克思主义反贫困理论

党的十八大以来，习近平总书记对脱贫攻坚提出一系列新思想新观点，作出一系列新决策新部署，形成关于扶贫工作的重要论述。这些重要论述，是习近平新时代中国特色社会主义思想的重要组成部分，丰富和发展了马克思主义反贫困理论。

厘清贫困的根源，是破解贫困难题的前提。马克思指出，在未来社会，“生产将以所有人的富裕为目的”。社会主义制度的建立，旨在解放生产力，发展生产力，消灭剥削，消除两极分化，最终达到共同富裕。习近平总书记强调：“贫穷不是社会主义。如果贫困地区长期贫困，面貌长期得不到改变，群众生活长期得不到明显提高，那就没有体现我国社会主义制度的优越性，那也不是社会主义。”只有坚持社会主义制度，解放和发展生产力，才能消除贫困；只有充分发挥社会主义制度的优越性，集中力量办大事，才能快速地、大规模地实现脱贫。党的十八大以来，以习近平同志为核心的党中央更加强调通过持续发展生产力、提高贫困地区和贫困群众的自我发展能力来消除贫困，不断打破束缚生产力发展的体制机制障碍，为消除绝对贫困指明了方向。

识别贫困的表现，是破解贫困难题的基础。马克思把贫困划分为绝对贫困和相对贫困、物质贫困和精神贫困等范畴。习近平总书记关于扶贫工作的重要论述，拓展了对贫困问题具体表现的科学认识，强调“一方面要让人民过上比较富足的生活，另一方面要提高人民的思想道德水平和科学文化水平，这才是真正意义上的脱贫致富”。党的十八大以来，以习近平同志为核心的党中央注重把扶贫同扶志、扶智结合起来，在强调摆脱物质贫困的同时，更加强调精神脱贫；强调在消除绝对贫困的同时，建立解决相对贫困的长效机制。

为了谁、依靠谁反贫困，是破解贫困难题的核心。马克思主义是人民的理论，是关于人类解放的学说。它把人民性与科学性统一起来，强调人民群众是历史的创造者，是社会变革的决定性力量。习近平总书记在脱贫攻坚中始终坚持人民至上和以人民为中心，强调“消除贫困、改善民生、逐步实现共同富裕，是社会主义的本质要求，是我们党的重要使命”；坚持和发展马克思主义的人民主体思想，强调“贫困群众既是脱贫攻坚的对象，更是脱贫致富的主体”“贫困地区的发展靠什么？千条万条，最根本的只有两条：一是党的领导；二是人民群众的力量。”党的十八大以来，以习近平同志为核心的党中央始终把实现好维护好发展好人民群众的根本利益作为脱贫攻坚工作的出发点和落脚点，坚持脱贫攻坚为了人民、脱贫攻坚依靠人民、脱贫攻坚成果由人民共享，矢志不渝走逐步实现全体人民共同富裕的中国特色社会主义道路，充分体现了中国共产党人的责任和担当。

## 贫困治理：推动国家迈向现代化的重要步骤

贫困治理是一个社会再动员、再组织、再塑造的过程，是国家治理的重要组成部分。党的十八大以来，以习近平同志为核心的党中央把脱贫攻坚摆在治国理政突出位置，把贫困治理能力作为国家治理能力的重要组成部分，不断推进贫困治理现代化，不断提升贫困治理能力，推动贫困治理与其他各方面治理相互促进，为坚持和完善中国特色社会主义制度、推进国家治理体系和治理能力现代化发挥了重要作用。

重视提高贫困人口的自我发展能力。提升贫困治理能力，实现贫困治理现代化，必须提升贫困人口的自我发展能力，构建长短结合、标本兼治的长效脱贫机制，确保稳定脱贫、有效防止返贫。党的十八大以来，我国脱贫攻坚的一个显著特征就是充分调动贫困群众的积极性、主动性、创造性，不断释放贫困群众努力奋斗的潜在能量，逐步构建起从“被动输血”向“主动造血”转变的脱贫攻坚长效机制。这是我国贫困治理能力提升的重要基础和鲜明标志。

重视构建社会共治的制度基础。多元社会主体共同参与，是包括贫困治理现代化在内的国家治理现代化的重要特征。不同社会主体通过共同参与和相互协作，可以更好形成合力，这是提升国家治理效能的重要途径。党的十八大以来，我们党动员全社会参与脱贫攻坚工作，推动形成专项扶贫、行业扶贫、社会扶贫等多方力量、多种举措有机结合和互为支撑的“三位一体”大扶贫格局，营造全社会合力参与贫困治理的良好氛围，脱贫攻坚领域国家治理体系和治理能力现代化水平显著提升。

重视推进贫困治理的法治化进程。依法依规是国家治理现代化的基本要求。习近平总书记强调：“增强按制度办事、依法办事意识，善于运用制度和法律治理国家。”作为国家治理的重要组成部分，贫困治理必须坚持制度化、规范化、程序化，才能稳定脱贫预期，激发脱贫活力，提高脱贫效率。党的十八大以来，我们党坚持运用法治思维和法治方式推进扶贫开发工作，脱贫攻坚法治化水平不断提升。通过完善法律体系、优化程序标准、开展法治服务，不仅使脱贫攻坚成果进一步巩固，而且为脱贫攻坚和乡村振兴有机衔接奠定了重要制度基础。

### 制度创新：形成中国特色脱贫攻坚制度体系

制度具有根本性、全局性、稳定性和长期性。构建中国特色脱贫攻坚制度体系，是中国消除贫困的重要经验。党的十八大以来，以习近平同志为核心的党中央把制度建设摆到更加突出的位置，全面深化扶贫领域改革创新，建立脱贫攻坚的责任体系、工作体系、政策体系、投入体系、帮扶体系、社会动员体系、监督体系和考核评估体系，为全面打赢脱贫攻坚战构筑起制度的“四梁八柱”。

党的十八大以来，我们构建了党全面领导下各负其责、各司其职的脱贫攻坚责任体系，严格执行脱贫攻坚一把手负责制，省市县乡村五级书记一起抓，做到任务明确、职责清晰，为脱贫攻坚提供了坚强政治保证。我们建立精准识别、精准脱贫的工作体系，成为消除绝对贫困的制胜法宝。近年来，党中央围绕脱贫攻坚出台多个配套文件，相关部门出台上百个政策文件和实施方案，各地相继出台和完善“1+N”的脱贫攻坚系列配套措施，形成了上下联动、统一协调的政策体系。政策体系越来越完备，机制越来越管用。我们坚持发挥政府投入主体和主导作用，增加金融资金对脱贫攻坚的投放，吸引社会资金广泛参与脱贫攻坚，同时加大扶贫资金整合力度，加强对扶贫资金使用的监督管理，确保每一分钱都花在群众需要的地方，并向贫困村选派第一书记和驻村工作队、加强一线扶贫力量，形成保障资金、强化人力的投入体系。按照扶持对象精准、项目安排精准、资金使用精准、措施到户精准、因村派人精准、脱贫成效精准“六个精准”要求，实施发展生产脱贫一批、易地搬迁脱贫一批、生态补偿脱贫一批、发展教育脱贫一批、社会保障兜底一批“五个一批”工程，形成因地制宜、因村因户因人施策的帮扶体系。充分发挥坚持全国一盘棋、调动各方面积极性、集中力量办大事的显著优势，形成广泛参与、合力攻坚的社会动员体系。把全面从严治党要求贯穿脱贫攻坚工作全过程和各环节，依靠监督考核及时发现和解决问题，形成多渠道全方位的监督体系和最严格的考核评估体系，确保帮扶工作扎实、脱贫结果真实，使脱贫攻坚成效经得起实践和历史检验。

事实证明，中国特色脱贫攻坚制度体系是符合实际、有效管用的，保障和推动脱贫攻坚工作不断往深里走、往实里走，充分彰显了中国共产党领导和中国特色社会主义制度的政治优势。

### 世界贡献：创造人类减贫史上的中国奇迹

消除贫困是当今世界面临的共同挑战。中国创造了在较短时间内实现超大规模人口脱贫的奇迹，为世界减贫作出了突出贡献。

加速了世界减贫事业进程。经过全党全国全社会共同努力，中国贫困人口从 2012 年年底的 9899 万人减到 2019 年年底的 551 万人，贫困发生率由 10.2% 降至 0.6%，连续 7 年每年减贫 1000 万人以上，贫困群众吃、穿“两不愁”质量水平明显提升，义务教育、基本医疗、住房安全“三保障”突出问题总体解决，区域性整体贫困基本得到解决。这在世界范围看都是了不起的成就。中国作为世界上最大的发展中国家，取得举世瞩目的减贫成就，加快了全球减贫进程，有助于全世界特别是广大发展中国家坚定消除绝对贫困的信心。

为世界减贫提供重要经验。党的十八大以来，以习近平同志为核心的党中央把脱贫攻坚作为全面建成小康社会的底线任务和标志性指标，把扶贫开发纳入国家总体发展战略，不断创新扶贫体制机制，实施精准扶贫精准脱贫基本方略，坚持把扶贫同扶志、扶智结合起来，激发贫困群众内生动力，显著提升了贫困地区可持续发展能力，探索建立稳定脱贫长效机制，成功走出一条中国特色扶贫开发道路，为世界减贫事业提供了重要参考经验。正如联合国秘书长古特雷斯所说："精准减贫方略是帮助贫困人口、实现 2030 年可持续发展议程目标的唯一途径，中国的经验可以为其他发展中国家提供有益借鉴。"

携手消除贫困，推动构建人类命运共同体。消除贫困是人类的共同使命。党的十八大以来，我们积极倡导和推动构建人类命运共同体，推动共建"一带一路"，坚持走合作共赢、共同发展的道路，积极开展南南合作，举办中国扶贫国际论坛，通过政策对话、能力建设、人员交流、合作研究、技术援助等方式，支持和帮助广大发展中国家特别是最不发达国家减少和消除贫困，推动建立以合作共赢为核心的新型国际减贫交流合作关系，充分彰显中国推动构建人类命运共同体、为世界反贫困事业不断奋斗的大国担当。

今年是脱贫攻坚决战决胜之年。目前，虽然贫困人口同过去相比总量不大，但都是贫中之贫、困中之困。以习近平同志为核心的党中央对决战决胜脱贫攻坚已经作出一系列重大战略部署，要求确保高质量完成脱贫攻坚目标任务，如期实现到 2020 年现行标准下的农村贫困人口全部脱贫。时不我与，时不我待，时不再来。在习近平新时代中国特色社会主义思想的科学指引下，具有大国大党使命担当的中国共产党人，一定能够团结带领人民群众奋力夺取脱贫攻坚全面胜利、全面建成小康社会，实现这一在中华民族发展史、世界社会主义发展史、人类社会发展史上都具有重大意义的宏伟目标，为全人类解决贫困问题作出更大贡献。

（作者为中央党校（国家行政学院）习近平新时代中国特色社会主义思想研究中心主任、中央党校（国家行政学院）分管日常工作的副校长（副院长））

（《人民日报》2020 年 08 月 24 日第 09 版）

# 在全面建成小康社会中充分发挥领导核心作用

李 季

全面建成小康社会是中华民族发展史上浓墨重彩的一笔，也是人类社会发展史上激动人心的奇迹。新中国成立70多年来，中国人民迎来了从温饱不足到小康富裕的伟大飞跃。取得这一历史成就，最根本的原因在于中国共产党的坚强领导，在于我们党始终发挥领导核心作用。

## 全面建成小康社会是中国共产党人践行初心和使命的时代担当

从成立之日起就与广大人民群众甘苦与共的中国共产党，最懂得人民内心的期盼、最懂得人民真挚的向往。为中国人民谋幸福，为中华民族谋复兴，是中国共产党人的初心和使命，全面建成小康社会是当代中国共产党人践行初心和使命的重要实践。

马克思主义政党性质的内在要求。作为马克思主义政党，中国共产党以实现共产主义为最高理想，以全心全意为人民服务为根本宗旨。马克思主义政党的最高理想要与不同阶段的奋斗目标相结合，分步骤逐步实现。改革开放之初，邓小平同志创造性地使用“小康”这个概念来诠释中国式现代化，明确提出了建立小康社会的奋斗目标。从总体小康到全面建设小康社会再到全面建成小康社会，我们党对于小康社会的认识越来越深入，离全面建成小康社会的目标越来越近，人民群众对美好生活的向往逐步变为现实。

新时代治国理政战略布局的重要内容。如期全面建成小康社会，任务十分艰巨。解决发展不平衡、不协调、不可持续问题，需要我们党从战略高度进行缜密擘画。以习近平同志为核心的党中央从坚持和发展中国特色社会主义全局出发，提出并协调推进全面建成小康社会、全面深化改革、全面依法治国、全面从严治党。在“四个全面”战略布局中，全面建成小康社会是居于引领地位的战略目标，全面深化改革、全面依法治国、全面从严治党为如期全面建成小康社会提供重要保障。

全面建设社会主义现代化国家的基础环节。社会主义现代化建设是一场接力跑，全面建成小康社会是继往开来的一个重要阶段。党的十九大提出，在全面建成小康社会的基础上，分两步走在本世纪中叶建成富强民主文明和谐美丽的社会主义现代化强国。全面建成小康社会与 2035 年基本实现社会主义现代化，在时间上前后相接，在各项事业发展上全面对接。只有全面建成小康社会，才能顺利开启全面建设社会主义现代化国家新征程，为本世纪中叶建成社会主义现代化强国、实现第二个百年奋斗目标，为实现中华民族伟大复兴的中国梦奠定坚实基础。

## 全面建成小康社会关键在于发挥党的领导核心作用

党的十八大以来，以习近平同志为核心的党中央总揽全局、协调各方，在经济社会发展中把方向、谋大局、定政策、促改革，统筹推进“五位一体”总体布局，协调推进“四个全面”战略布局，把打赢脱贫攻坚战作为全面建成小康社会的底线任务和标志性指标，推动全面建成小康社会取得重大成就。

确立科学指引。思想是行动的先导。习近平总书记从党和国家事业发展全局出发，围绕全面建成小康社会作出一系列重要论述，回答了全面建成小康社会面临的一系列重大问题。既阐明了全面建成小康社会的重大意义，指出“实现这个目标是实现中华民族伟大复兴中国梦的关键一步”；又阐述了全面建成小康社会的更高标准，强调全面小康“覆盖的领域要全面”“覆盖的人口要全面”“覆盖的区域要全面”；还提出要紧紧扭住全面建成小康社会存在的短板，在补齐短板上多用力；等等。这些重要论述涵盖全面建成小康社会各项事业，为全面建成小康社会提供了科学指引。

作出全面部署。党的十八大提出全面建成小康社会的宏伟目标。党的十八届五中全会紧紧围绕全面建成小康社会提出制定“十三五”规划的建议。“十三五”规划《建议》提出：实现“十三五”时期发展目标，“必须牢固树立创新、协调、绿色、开放、共享的发展理念”。党的十九大发出决胜全面建成小康社会的号召，提出决胜期需要坚定实施科教兴国战略、人才强国战略、创新驱动发展战略、乡村振兴战略、区域协调发展战略、可持续发展战略、军民融合发展战略。2015 年以来，党中央就打赢脱贫攻坚战召开一系列专题会议。在脱贫攻坚倒计时 300 天的时间节点，习近平总书记出席党的十八大以来脱贫攻坚方面最大规模的会议，对全党全国全社会以更大决心、更强力度推进脱贫攻坚进行再动员、再部署。这一系列关键时刻作出的重大部署，为全面建成小康社会指明了前进方向。

提供制度保障。以习近平同志为核心的党中央高度重视制度建设，以制度创新不断破解制约全面建成小康社会的重点难点问题，为全面建成小康社会提供了坚强制度保障。比如，在民生领域，加快推进教育、就业、收入分配、医药卫生、住房、社会治理等各方面的体制机制创新。在脱贫攻坚领域，形成中央统筹、省负总责、市县抓落实的管理体制，实行五级书记一起抓扶贫的责任制，实施经常性的督查巡查和最严格的考核评估体系。一系列体制机制有效保障党中央决策部署落到实处、见到实效。

创新方式路径。推动农村贫困人口脱贫，可以说是一个世界性难题。以习近平同志为核心的党中央创新思路和方式，提出精准扶贫精准脱贫基本方略，坚持因人因地施策、因贫困原因施策、因贫困类型施策，提出“六个精准”要求，实施“五个一批”工程，科学回答了“扶持谁”“谁来扶”“怎么扶”“如何退”等一系列问题。特别是在解决好“怎么扶”这个关键问题上，从致贫原因出发，把扶贫同扶志、扶智结合起来，采取发展产业扶贫、转移就业扶贫、易地搬迁扶贫、生态保护扶贫、资产收益扶贫、教育扶贫、社会兜底保障等方式，探索并拓展了“输血”和“造血”功能并重、开发式扶贫和保障性扶贫相结合的有效路径，使扶贫真正扶到点上、扶到根上。

集中优势资源。全面建成小康社会是一个系统工程、宏大工程，必须充分发挥坚持全国一盘棋，调动各方面积极性，集中力量办大事的显著优势。党的十八大以来，在以习近平同志为核心的党中央坚强领导下，我们凝聚各方力量，高效整合资源，不断强化对贫困地区的政策供给和要素投入。加强东西部扶贫协作和对口支援，开展中央单位定点帮扶，累计选派 290 多万名县级以上干部驻村帮扶，鼓励支持民营企业、社会组织、个人参与扶贫。各级财政持续加大资金投入，从 2017 年至 2019 年，中央财政扶贫专项资金投入平均每年超过 1000 亿元，2020 年将继续较大幅度增加专项资金规模。党中央领导下的全党动员和全民参与，汇聚起决战决胜脱贫攻坚的强大合力。

## 决战决胜阶段尤须加强和改善党的领导

奋力夺取全面建成小康社会的伟大胜利，是当代中国共产党人的光荣使命。当前，完成我国现行标准下农村贫困人口实现脱贫、贫困县全部摘帽、解决区域性整体贫困的目标任务，全面建成小康社会，任务艰巨，时间紧迫。越到决战决胜阶段，越要加强和改善党的领导。

在狠抓落实上用心用力。确保全面建成小康社会圆满收官，必须深入学习贯彻习近平新时代中国特色社会主义思想。当前，特别是要认真学习领会习近平总书记在统筹推进新冠肺炎疫情防控和经济社会发展工作部署会议上、在决战决胜脱贫攻坚座谈会上、在全国抗击新冠肺炎疫情表彰大会上的重要讲话精神，切实把思想和行动统一到党中央决策部署上来，把学习成效转化为做好工作的理念思路和方法举措，迎难而上、真抓实干，确保高质量完成各项任务。

在统筹推进上全面发力。当前，全球疫情蔓延态势仍在持续，我国外防输入压力持续加大，国内疫情反弹的风险始终存在。我们不但要绷紧疫情防控这根弦，坚持外防输入、内防反弹，还要在常态化疫情防控中全面恢复正常经济社会秩序。统筹推进疫情防控和经济社会发展工作，必须把习近平总书记重要讲话、重要指示精神落实到位，把党中央各项决策部署抓实抓细。坚持稳中求进工作总基调，坚持新发展理念，坚持以供给侧结构性改革为主线，坚持以改革开放为动力推动高质量发展，扎实做好“六稳”工作、全面落实“六保”任务，维护经济发展和社会稳定大局，奋力夺取疫情防控和实现经济社会发展目标双胜利。

在攻坚克难上持续加力。全面建成小康社会目标能否如期实现，取决于能否打赢脱贫攻坚战。到今年 2 月底，全国还有 52 个贫困县未摘帽、2707 个贫困村未出列、建档立卡贫困人口未全部脱贫。虽然同过去相比总量不大，但都是贫中之贫、困中之困，是最难啃的硬骨头。打赢脱贫攻坚战，要以“三区三州”等深度贫困地区为重点，聚焦“两不愁三保障”突出问题，对未摘帽县和贫困村实行挂牌督战，攻克贫困的最后堡垒。同时，努力克服疫情影响，多措并举巩固脱贫攻坚成果，加快建立解决相对贫困的长效机制。

（作者为中央党校（国家行政学院）副校（院）长、中央党校（国家行政学院）习近平新时代中国特色社会主义思想研究中心副主任）

（《人民日报》2020 年 09 月 11 日第 09 版）

# 肩负历史责任　感受时代荣光

孙业礼

中国共产党带领中国人民不懈奋斗，中华民族迎来了从站起来、富起来到强起来的伟大飞跃，在现代化建设的各个方面都取得了巨大成就，开辟了人类走向现代化的新路，同时进一步深化了对什么是社会主义、怎样建设社会主义的认识。全面建成小康社会这个历史性成就，无论在中华民族发展史上，还是在人类发展史、社会主义发展史上，都具有重大意义。

习近平总书记强调："到 2020 年全面建成小康社会，实现第一个百年奋斗目标，是我们党向人民、向历史作出的庄严承诺。"实现全面建成小康社会的宏伟目标，是我们的历史责任，也是我们的最大光荣。经过几代人一以贯之的接续奋斗，特别是党的十八大以来的攻坚克难、开拓进取，我们即将实现全面建成小康社会的宏伟目标。这个历史性成就，无论在中华民族发展史上，还是在人类发展史、社会主义发展史上，都具有重大意义。

## 展现中华民族伟大复兴光明前景

100年前，孙中山先生这样描述中国社会状况："中国今日民穷财尽，所患在贫"。一生致力于振兴中华的孙中山先生，虽然领导辛亥革命结束了统治中国几千年的君主专制制度，却始终没有找到一条使国家走向富强、民族实现振兴的道路。中国共产党肩负起这一历史使命，带领中国人民不懈奋斗，中华民族迎来了从站起来、富起来到强起来的伟大飞跃。

以史为镜，可以知兴替。在中华民族5000多年文明史上，最为人们称道的盛世景象是由"文景之治"和"贞观之治"开启的汉、唐盛世。历代文人、史家对这两个历史时期的描述，概括起来主要是：经济繁荣，物阜民丰；政治清明，国家一统；文化昌盛，远近悦服；国泰民安，安居乐业。所谓经济繁荣和物阜民丰，从相关描述看，也就是温饱有余、国库充实。政治清明和"大一统"形成，是"文景之治"和"贞观之治"开启汉、唐盛世的重要原因、重要体现。当时的统治者能够居安思危、敬终如始，严以治吏、防腐戒奢，并能形成"大一统"的局面和一整套稳定的制度体系。文化的繁荣及其影响力的扩大使近者悦、远者来，在对内文化滋养和对外文化传播方面，都光大了中华文明的精神内核。

全面建成小康社会，使中国人民的生活实现了小康富裕，已不是历史上其他时期能够相比。我国粮食产量连续多年保持在1.3

万亿斤以上，人均粮食占有量达到470公斤左右，远高于世界平均水平，目前全国稻谷、小麦库存水平大体相当于城乡居民一年的消费量。除粮食之外，肉类、蛋类、奶制品等在百姓餐桌上已司空见惯。2019年，全国居民恩格尔系数为28.2%，人们的绝大部分收入已经不是花在吃上了。忍饥挨饿、缺吃少穿、生活困顿这些几千年来困扰中国人民的问题总体上一去不复返了。

中国历史上的政治清明和“大一统”都是相对而言的，无法与中国共产党领导、人民当家作主的新中国相比。中国共产党以全心全意为人民服务为根本宗旨，始终保持同人民群众的血肉联系。党的十八大以来，以习近平同志为核心的党中央以刀刃向内的自我革命精神，整饬作风、严明纪律、匡正选人用人导向、严厉惩治腐败。在全面建成小康社会过程中，中国共产党的领导得到全面加强，党政军民学，东西南北中，党是领导一切的，是最高政治领导力量，在集中统一领导和政令畅通方面真正实现了“六合同风，九州共贯”。党的十八大以来，我们党把制度建设摆到更加突出的位置，坚持和完善中国特色社会主义制度，推进国家治理体系和治理能力现代化，一整套更加成熟更加定型的制度为全面建成小康社会提供了有力保障。

就文化发展而言，我们坚持为人民服务、为社会主义服务，坚持百花齐放、百家争鸣，坚持创造性转化、创新性发展，不断铸就中华文化新辉煌。我国公共文化服务水平不断提高，文艺创作持续繁荣，文化事业和文化产业蓬勃发展，全民健身和竞技体育全面发展。国家文化软实力和中华文化影响力大幅提升，与世界各国的文化交流日益频繁，我国在世界各国的留学生和其他国家在我国的留学生数量都超过了任何历史时期。

今天的中国，社会和谐稳定，人民安居乐业。党的十八大以来减税降费力度进一步加大，2019年一年减税降费达2.36万亿元。古人对安居乐业最高的追求是："不独亲其亲，不独子其子，使老有所终，壮有所用，幼有所长，矜寡孤独废疾者，皆有所养。"今天的中国在幼有所育、学有所教、劳有所得、病有所医、老有所养、住有所居、弱有所扶方面取得长足进展。2019年我国九年义务教育巩固率达94.8%，建成了包括养老、医疗、低保、住房在内的世界最大的社会保障体系，基本养老保险覆盖超过9.68亿人，医疗保险覆盖超过13.5亿人。我国社会大局保持长期稳定，成为世界上最有安全感的国家之一。

历史不能简单类比，但历史演进的规律可以把握。考察中国几千年历史发展状况，认清中国今天的历史方位，我们完全有理由相信，全面建成小康社会正展现出中华民族伟大复兴的光明前景。

### 开辟人类走向现代化的新路

现代化是近代以来世界历史发展的潮流和方向。要实现中华民族伟大复兴，就必须实现社会主义现代化、建设社会主义现代化国家。全面建成小康社会正是实现这个战略目标的重要一步。

什么是现代化？实现现代化的标准是什么？综合来看，现代化的主要内容是：以工业化为中心的经济现代化；城镇化和社会结构现代化；以民主和法治为标志的政治现代化；人的现代化；生活方式现代化。在全面建成小康社会过程中，我国在这些主要方面都取得了巨大成就。

工业革命是人类开启现代化进程的强大动力，工业化是现代化的核心内容。新中国成立后不久，我国就把工业化作为“一五”计划和大规模经济建设的核心内容强力推进。改革开放后，我国抓住科技革命和经济全球化的机遇，加速推进工业化进程。党的十八大以来，党中央深化对工业化规律的认识，强调推动新型工业化、信息化、城镇化、农业现代化同步发展。党的十九大报告进一步提出，加快发展先进制造业，推动互联网、大数据、人工智能和实体经济深度融合。这一战略举措主动顺应和引领信息革命浪潮，让工业化插上科技创新的翅膀。目前，我国是世界上唯一拥有联合国产业分类目录中所有工业门类的国家，220 多种工业品产量居世界第一。我国用几十年时间走完了发达国家几百年走过的工业化历程，成为名副其实的制造业大国。

城镇化不足、城乡差距过大，或者基础设施、公共服务等不能适应现代化发展的需要，就会阻碍现代化进程。我国在全面建成小康社会进程中，坚持以人民为中心的发展思想，积极推进以人为核心的新型城镇化，不断保障和改善民生、增进人民福祉，坚持走共同富裕道路。2019 年末，我国常住人口城镇化率达 60.60%，户籍人口城镇化率达 44.38%。基础设施建设取得巨大成就，信息畅通、公路成网、铁路密布、高坝矗立、西气东输、南水北调、高铁飞驰、巨轮远航、飞机翱翔，这些都成为全面建成小康社会的重要体现。

我国在全面建成小康社会进程中，坚持党的领导、人民当家作主和依法治国有机统一，不断改进党的领导方式和执政方式，保证党领导人民有效治理国家。不断扩大人民有序政治参与，保证人民依法实行民主选举、民主协商、民主决策、民主管理、民主监督。坚持维护国家法制统一、尊严、权威，加强人权法治保障，保证人民依法享有广泛权利和自由。我国的民主和法治化进程沿着中国特色社会主义政治发展道路不断推进。党的十九届四中全会《决定》为我国国家治理体系和治理能力现代化指明了方向，为国家现代化提供了坚实制度保障。

在全面建成小康社会过程中，我们不断增加人民收入，注意让全体人民享有更好更公平的教育，努力让每个人都有人生出彩的机会，获得发展自身、奉献社会、造福人民的能力。党的十八大以来，我们努力办好人民满意的教育，义务教育普及率已超过高收入国家平均水平，高中阶段教育和高等教育毛入学率均超过中高收入国家平均水平。加快推进健康中国建设，居民健康水平总体上处于中高收入国家行列。深入实施就业优先战略和更加积极的就业政策，实现城镇新增就业连续7年超过1300万人。我国现代化的推进，正全方位改善人民生活质量、提高人的发展能力、激发人的创造力，促进人的全面发展和社会全面进步。

在全面建成小康社会过程中，我们确立了可持续发展战略，倡导简约适度、绿色低碳的生活方式。党的十九大进一步明确，我们要建设的现代化是人与自然和谐共生的现代化，既要创造更多物质财富和精神财富以满足人民日益增长的美好生活需要，也要提供更多优质生态产品以满足人民日益增长的优美生态环境需要。中国已经牢固树立起绿色发展理念，走上可持续发展道路。

当今世界，大多数国家都还属于发展中国家。中国全面建成小康社会，进而开启全面建设社会主义现代化国家新征程，意味着比现在所有发达国家人口总和还要多的14亿中国人民将进入现代化行列，这是人类历史上前所未有的大变革，其影响将是世界性的。中国人民的成功实践，开辟了人类走向现代化的新路，让广大发展中国家看到了实现现代化的希望。

### 开拓社会主义发展新境界

马克思、恩格斯创立了唯物史观和剩余价值学说，使社会主义实现了从空想到科学的伟大飞跃。中国共产党坚持把马克思主义基本原理同中国实际和时代特征相结合，围绕全面建成小康社会的奋斗目标，采取把坚持社会主义基本原则同坚持改革开放结合起来、把坚持社会主义基本制度同发展市场经济结合起来、把提高效率同促进社会公平结合起来、把独立自主同参与经济全球化结合起来等一系列创造性举措，破解社会主义建设中遇到的一系列重大课题，进一步深化了对什么是社会主义、怎样建设社会主义的认识。

在什么是社会主义的问题上，创造性地提出社会主义的本质是解放生产力，发展生产力，消灭剥削，消除两极分化，最终达到共同富裕。在怎样建设社会主义的问题上，走出一条在中国共产党领导下，立足基本国情，以经济建设为中心，坚持四项基本原则，坚持改革开放，解放和发展社会生产力，建设社会主义市场经济、社会主义民主政治、社会主义先进文化、社会主义和谐社会、社会主义生态文明，促进人的全面发展，逐步实现全体人民共同富裕，建设富强民主文明和谐美丽的社会主义现代化强国的中国特色社会主义道路。在坚持和发展中国特色社会主义过程中，我们形成了中国特色社会主义理论体系，建立了中国特色社会主义制度，发展了中国特色社会主义文化。党的十八大以来，在全面建成小康社会过程中，以习近平同志为核心的党中央从理论和实践结合上系统回答了新时代坚持和发展什么样的中国特色社会主义、怎样坚持和发展中国特色社会主义这一重大时代课题，形成了习近平新时代中国特色社会主义思想，推动中国特色社会主义进入新时代，使中国特色社会主义道路越走越宽广，开辟了21世纪社会主义发展的新境界。

在中国特色社会主义道路上，我们只用了40多年的时间，就使国内生产总值由3679亿元增长到近100万亿元，年均实际增长9%以上，远高于同期世界经济不到3%的年均增速。我国国内生产总值占世界生产总值的比重由改革开放之初的1.8%上升到15%以上，对世界经济增长的贡献率连续多年超过30%。我们还将在今年从整体上彻底解决绝对贫困问题，实现更高的社会公平。抗击新冠肺炎疫情斗争取得重大战略成果，充分展现了中国共产党领导和我国社会主义制度的显著优势，使科学社会主义在21世纪的中国焕发出强大生机活力。

一代人有一代人的责任，一代人有一代人的荣光。身处实现"两个一百年"奋斗目标的历史交汇期，当代中国共产党人的责任，就是要在以习近平同志为核心的党中央坚强领导下，一鼓作气，如期全面打赢脱贫攻坚战、如期全面建成小康社会，并乘势而上开启全面建设社会主义现代化国家新征程，为中华民族伟大复兴、为人类文明发展进步作出更大贡献。

（作者为中央党史和文献研究院副院长）

（《人民日报》2020年09月30日第09版）

# 打赢脱贫攻坚战的科学指引

李　军

习近平总书记指出："全党同志一定要适应新时代中国特色社会主义的发展要求，提高战略思维、创新思维、辩证思维、法治思维、底线思维能力"。这些科学思维在打赢脱贫攻坚战中的运用，体现了中国特色扶贫开发道路的理论创新和实践创新，闪耀着马克思主义世界观和方法论的光辉，为新时代党领导全国各族人民凝心聚力打赢脱贫攻坚战提供了科学指引。

## 以战略思维谋划脱贫攻坚战

消除贫困、改善民生、实现共同富裕，是社会主义的本质要求。习近平总书记坚持以人民为中心的发展思想，把脱贫攻坚摆到治国理政突出位置，以战略思维系统全面谋划脱贫攻坚战。

坚持在"两个大局"中把握脱贫攻坚。党的十八大以来，以习近平同志为核心的党中央着眼中华民族伟大复兴的战略全局和世界百年未有之大变局，把扶贫开发工作纳入"五位一体"总体布局和“四个全面”战略布局，作出一系列重大战略部署，全面打响脱贫攻坚战。从国内看，全面建成小康社会、实现第一个百年奋斗目标，最艰巨的任务是脱贫攻坚。能否打赢脱贫攻坚战，事关能否如期全面建成小康社会、实现第一个百年奋斗目标。从国际看，世界百年未有之大变局加速演进，在大变局中赢得战略主动，必须不断巩固我们党的执政基础、夯实群众基础。实践证明，新时代脱贫攻坚领域取得前所未有的成就，不仅彰显了中国共产党领导和我国社会主义制度的政治优势，而且为全球减贫治理贡献了中国智慧和中国方案。

以强大战略定力推进脱贫攻坚。脱贫攻坚是一项艰巨的历史任务，必须具备强大的战略定力。习近平总书记指出：“要清醒认识和把握打赢脱贫攻坚战面临任务的艰巨性，清醒认识把握实践中存在的突出问题和解决这些问题的紧迫性”“把困难估计得更充分一些，把挑战认识得更到位一些，做好应对和战胜各种困难挑战的准备”。中国特色社会主义进入新时代，我们党集中优势兵力打脱贫攻坚战，第一次由省区市党政一把手向中央签署脱贫攻坚责任书，并层层立下军令状。面对新冠肺炎疫情带来的不利影响，习近平总书记强调：“到 2020 年现行标准下的农村贫困人口全部脱贫，是党中央向全国人民作出的郑重承诺，必须如期实现，没有任何退路和弹性”。这些都彰显了人民领袖的人民情怀、使命担当和初心如磐的战略定力。

## 以创新思维开创脱贫攻坚新局面

扶贫开发是老课题，在推进过程中又遇到许多新情况新问题新挑战。在脱贫攻坚战中，习近平总书记提出精准扶贫精准脱贫基本方略，引领我国在新时代脱贫攻坚理论和实践方面进行了一系列创造性探索。

创新理念思路，确立精准扶贫精准脱贫基本方略。习近平总书记强调："扶贫开发推进到今天这样的程度，贵在精准，重在精准，成败之举在于精准"，提出了"六个精准"的具体要求。在这一基本方略引领下，全国各地对致贫原因"把脉问诊"，追根溯源、找准"穷根"，区别不同情况"靶向治疗"，因村因户因人施策，丰富和拓展了中国特色扶贫开发道路。

创新体制机制，完善中国特色脱贫攻坚制度体系。习近平总书记强调："脱贫攻坚要取得实实在在的效果，关键是要找准路子、构建好的体制机制"。党的十八大以来，以习近平同志为核心的党中央围绕脱贫攻坚责任、政策、投入、工作、监督和考核六大体系进行了一系列体制机制创新，建立中央统筹、省负总责、市县抓落实的管理体制，强化党政一把手负总责的责任制，形成了五级书记抓扶贫、全党动员促攻坚的局面。这些制度创新成果，为我国脱贫攻坚扎实推进提供了坚强保障。

创新方法路径，以超常举措打好脱贫攻坚组合拳。习近平总书记强调："要采取超常举措，拿出过硬办法，按照精准扶贫、精准脱贫要求，用一套政策组合拳，确保在既定时间节点打赢扶贫开发攻坚战。"按照贫困地区和贫困人口的具体情况，实施"五个一批"工程，解决"怎么扶"的问题；在深化东西部扶贫协作和党政机关定点扶贫的基础上，构建专项扶贫、行业扶贫、社会扶贫互为补充的"三位一体"大扶贫格局，凝聚各方力量合力攻坚；部署开展为解决贫困问题而进行的大型专项普查等，这些超常举措有效打通了脱贫攻坚"最后一公里"。

## 以辩证思维解决脱贫攻坚实际问题

扶贫开发是一项复杂的系统工程。习近平总书记坚持从我国实际出发，深刻把握反贫困的客观规律，以唯物辩证的立场观点方法解决脱贫攻坚中的实际问题。

坚持以矛盾分析方法抓重点。在抓脱贫攻坚工作中，习近平总书记坚持一分为二看问题，正确分析矛盾，抓主要矛盾和矛盾的主要方面。党的十八大以来，习近平总书记走遍全国14个集中连片特困地区，强调深度贫困地区是决定脱贫攻坚战能否打赢的关键，把"三区三州"作为脱贫攻坚的主战场，要求集中优势兵力坚决打赢这场硬仗中的硬仗。这深刻体现了抓重点带一般、抓关键求突破的辩证思维。

坚持以普遍联系的观点抓统筹。习近平总书记指出："统筹兼顾是中国共产党的一个科学方法论。”新冠肺炎疫情防控和脱贫攻坚都是必须打赢的硬仗。以习近平同志为核心的党中央既重视抓好常态化疫情防控，巩固和拓展这一来之不易的良好势头，为打赢脱贫攻坚战创造有利条件；又注重磨砺责任担当之勇、统筹兼顾之谋、组织实施之能，以更大力度推进脱贫攻坚，为决胜全面小康、决战脱贫攻坚打下了坚实基础。

坚持以发展的眼光抓长远。脱贫摘帽不是终点，而是新生活、新奋斗的起点。习近平总书记着眼长远，强调“实施乡村振兴战略要与打好脱贫攻坚战有机衔接起来”，及早研究谋划2020年后减贫战略。习近平总书记还强调“脱贫攻坚既要扶智也要扶志，既要输血更要造血”，要求把激发贫困人口内生动力、增强发展能力作为根本举措，注重贫困人口的长远发展。

### 以法治思维为脱贫攻坚保驾护航

扶贫开发涉及大量资金处置和利益关系调整问题。习近平总书记强调运用党纪国法处理脱贫攻坚中的各种矛盾和问题，推动脱贫攻坚在法治轨道上运行。

依法严惩脱贫攻坚中的腐败行为。习近平总书记强调，对脱贫领域腐败问题，发现一起严肃查处问责一起，绝不姑息迁就。各地坚决贯彻习近平总书记的重要指示精神和党中央决策部署，高度重视扶贫领域腐败和作风问题专项治理，强化扶贫工程、扶贫资金监管，以零容忍态度治理扶贫领域违纪违法特别是腐败问题，对虚报冒领、挤占挪用等问题发现一起查处一起，确保扶贫政策、项目、资金精准落地。

以法治思维化解脱贫攻坚中的矛盾纠纷。习近平总书记指出："要坚持以人民为中心的发展思想，切实解决好群众的操心事、烦心事、揪心事"。一些深度贫困地区群众的法治意识较弱，往往矛盾纠纷比较多、化解难度比较大。这既是脱贫攻坚的难点，也是影响社会稳定的重要因素和乡村基层治理的重点所在。各地认真学习贯彻习近平总书记重要指示精神，切实加强对贫困群众的法治宣传教育，在法律援助上适当降低门槛，注重依法化解纠纷、解决实际困难，暖人心、聚人心。依法推进脱贫攻坚决策公开、过程公开、结果公开，引导贫困群众依法办事、合法致富。坚持自治、法治、德治相结合，教育引导贫困群众弘扬传统美德、树立文明新风。

强化脱贫攻坚的法治保障。在以习近平同志为核心的党中央谋划推动下，2016 年中央办公厅、国务院办公厅出台《脱贫攻坚责任制实施办法》，2019 年最高人民检察院、国务院扶贫办下发《关于检察机关国家司法救助工作支持脱贫攻坚的实施意见》，2020 年最高人民法院等三部门联合印发《关于刑事案件涉扶贫领域财物依法快速返还的若干规定》。这些政策和法规在脱贫攻坚的任务、方法以及违规问责追责等方面作出明确规定，强化脱贫攻坚法治保障。

## 以底线思维确保脱贫攻坚质量

扶贫开发必须把提高脱贫质量放在首位。习近平总书记始终坚持底线思维，明确打赢脱贫攻坚战的奋斗目标，划定质量标准，确保脱贫成果经得起实践和历史检验。

明确脱贫攻坚奋斗目标。习近平总书记指出："新时期脱贫攻坚的目标，集中到一点，就是到二〇二〇年实现'两个确保'：确保农村贫困人口实现脱贫，确保贫困县全部脱贫摘帽"。脱贫攻坚路上一个都不能少；全面建成小康社会，一个也不能少；让贫困人口和贫困地区同全国一道进入全面小康社会是我们党的庄严承诺。言必信，行必果。从 2012 年底到 2019 年底，我国贫困发生率由 10.2% 降至 0.6%，区域性整体贫困基本得到解决。

划定脱贫攻坚质量标准。习近平总书记指出："脱贫既要看数量，更要看质量""到 2020 年稳定实现农村贫困人口不愁吃、不愁穿，义务教育、基本医疗、住房安全有保障，是贫困人口脱贫的基本要求和核心指标，直接关系攻坚战质量"。"两不愁三保障"是符合我国基本国情和现有承受能力的标准，是高质量脱贫摘帽的关键所在，既不能降低标准、影响质量，也不能调高标准、吊高胃口。当前，贫困群众"两不愁"质量水平明显提升，"三保障"突出问题总体解决，但要稳定住、巩固好，还要在补短板、强弱项上下功夫，让脱贫成效真正获得群众认可、经得起实践和历史检验。

（作者为中共海南省委副书记）

《人民日报》（2020 年 10 月 15 日第 09 版）

# 凝心聚力打赢脱贫攻坚战

冯 俊

今年是全面建成小康社会收官之年，贫困人口和贫困地区将同全国人民一道进入全面小康社会。如期实现脱贫攻坚目标任务本来就有许多硬骨头要啃，突如其来的新冠肺炎疫情又增加了难度。疫情阻挡不了中华民族伟大复兴的坚实脚步，动摇不了我们如期完成脱贫攻坚目标任务、全面建成小康社会的必胜决心。我们要凝心聚力、攻坚克难，坚持脱贫攻坚目标不动摇、标准不改变，如期兑现党的庄严承诺。

## 我们党践行初心使命的必然要求

习近平总书记指出:“从石库门到天安门，从兴业路到复兴路，我们党近百年来所付出的一切努力、进行的一切斗争、作出的一切牺牲，都是为了人民幸福和民族复兴。”新中国成立70多年特别是改革开放40多年来，我们党始终坚持在发展中保障和改善民生，全面推进幼有所育、学有所教、劳有所得、病有所医、老有所养、住有所居、弱有所扶，不断改善人民生活、增进人民福祉。

党的十八大以来，习近平总书记花精力最多的是扶贫工作。2015 年发布的《中共中央国务院关于打赢脱贫攻坚战的决定》确立打赢脱贫攻坚战的总体目标是："到 2020 年，稳定实现农村贫困人口不愁吃、不愁穿，义务教育、基本医疗和住房安全有保障。实现贫困地区农民人均可支配收入增长幅度高于全国平均水平，基本公共服务主要领域指标接近全国平均水平。确保我国现行标准下农村贫困人口实现脱贫，贫困县全部摘帽，解决区域性整体贫困。"党的十九大进一步提出："确保到二〇二〇年我国现行标准下农村贫困人口实现脱贫，贫困县全部摘帽，解决区域性整体贫困，做到脱真贫、真脱贫。"2020 年我国现行标准下农村贫困人口如期脱贫、贫困县全部摘帽、解决区域性整体贫困，是全面建成小康社会的底线任务和标志性指标，是我们党作出的庄严承诺。

从稳定解决十几亿人的温饱问题到总体上实现小康，再到全面建成小康社会，充分体现了我们党践行初心使命的决心。习近平总书记指出："我们中国共产党人从党成立之日起就确立了为天下劳苦人民谋幸福的目标。这就是我们的初心。我们党一开始就是为改变穷苦人民命运而带领他们进行革命的，当年打土豪、分田地，开展湖南农民运动、发动秋收起义、上井冈山，都是为了穷苦人民。到我们党成立一百年时，到新中国成立七十年时，如果还没有解决贫困人口脱贫问题，那党的宗旨怎么体现、我们的承诺怎么兑现呢？”正是因为始终坚持为民造福，动员全党全国全社会凝心聚力打赢脱贫攻坚战，让实现全体人民共同富裕在广大人民现实生活中更加充分地展示出来，所以我们党始终得到人民群众的支持和拥护。

## 充分发挥中国特色脱贫攻坚制度体系的效能

党的十八大以来，以习近平同志为核心的党中央从全面建成小康社会要求出发，全面打响脱贫攻坚战，促进了贫困地区加快发展，构筑了全社会扶贫强大合力，建立了中国特色脱贫攻坚制度体系。如期实现脱贫攻坚目标任务，必须充分发挥这一科学制度体系的效能。

进一步贯彻落实各负其责、各司其职的责任体系。近年来，在党中央的坚强领导下，我国贫困治理能力明显提升，特别是贫困地区基层组织得到加强。当前，脱贫攻坚目标任务接近完成，同时剩余脱贫攻坚任务依然艰巨、新冠肺炎疫情带来了新的挑战、巩固脱贫成果难度很大，需要继续加强脱贫攻坚工作。这就要求我们进一步贯彻落实中央统筹、省负总责、市县抓落实的管理体制，层层落实责任制。只有如此，才能防止松劲懈怠、精力转移，确保既打好主动仗、高质量完成剩余脱贫攻坚任务，又下好先手棋、尽快建立防止返贫监测和帮扶机制，提前采取针对性的帮扶措施。

进一步贯彻落实精准识别、精准扶贫的工作体系。脱贫攻坚，贵在精准，重在精准。行百里者半九十。当前，一方面要啃下最后的硬骨头，继续聚焦“三区三州”等深度贫困地区，落实脱贫攻坚方案，特别是对52个未摘帽贫困县和1113个贫困村要实施挂牌督战。另一方面，稳定住、巩固好“两不愁三保障”成果并不是一件容易的事情，要采取针对性措施防止反弹。比如，对没有劳动能力的特殊贫困人口强化社会保障兜底，实现应保尽保，对存在返贫风险的近200万和存在致贫风险的近300万人群实施针对性预防措施，及时将返贫和致贫人口纳入帮扶。

进一步贯彻落实上下联动、统一协调的政策体系。党的十八大以来，党中央、国务院制定了《关于创新机制扎实推进农村扶贫开发工作的意见》和《关于打赢脱贫攻坚战的决定》，中共中央办公厅、国务院办公厅出台了多个配套文件，相关部门出台了一系列扶贫政策文件或实施方案，完成四梁八柱顶层设计。同时，为实现上下联动、统一协调，各地也相继出台和完善“1+N”脱贫攻坚系列配套措施，涉及产业扶贫、劳务输出扶贫、易地扶贫搬迁、交通扶贫、水利扶贫、教育扶贫等等，很多“老大难”问题都有了针对性解决举措。当前，各地要落实中央要求，根据自身脱贫攻坚工作与乡村振兴战略实施的最新进展，做好统筹协调，进一步放大政策效应。

进一步贯彻落实保障资金、强化人力的保障体系。中央财政继续增加专项扶贫资金规模，各级财政也要保证脱贫攻坚的资金需求。同时，加大财政涉农资金整合力度，加强扶贫资金监管，提高资金使用效率和效益，用好扶贫的土地和金融政策。对已经实现稳定脱贫的地方，各地可以统筹安排专项扶贫资金，支持非贫困县、非贫困村的贫困人口脱贫。在强化人力保障方面，既要广泛动员社会力量扶危济困，更要重视农村人力资源开发。只有激发农村贫困地区的内生动力，才能提高其自我发展和可持续发展能力。

进一步贯彻落实因地制宜、因村因户因人施策的帮扶体系。精准扶贫，需要坚持分类施策。近年来，通过精准扶贫，贫困地区经济社会发展明显加快，特色产业不断壮大，产业扶贫、电商扶贫、光伏扶贫、旅游扶贫等发展较快，经济活力和发展后劲明显增强。此外，有些地区通过生态扶贫、易地扶贫搬迁、退耕还林还草等，生态环境明显改善，贫困户就业增收渠道明显增多，基本公共服务也日益完善。接下来，要总结好脱贫攻坚成功经验，拓展思路，继续做好不同地区的科学规划、分类指导。

进一步贯彻落实广泛参与、合力攻坚的社会动员体系。在脱贫攻坚战中，我们坚持动员全社会参与，充分发挥坚持全国一盘棋、调动各方面积极性、集中力量办大事的显著优势，构建了政府、社会、市场协同推进的大扶贫格局，形成了广泛参与、合力攻坚的社会动员体系。要继续调动全社会扶贫积极性，充分发挥政府和社会两方面力量作用，强化政府责任，引导市场、社会协同发力，鼓励、支持和帮助各类非公有制企业、社会组织和个人参与扶贫，让专业扶贫、行业扶贫、社会扶贫互为补充。深化东西部扶贫协作，进一步做好中央单位定点扶贫。

进一步贯彻落实多渠道全方位的监督体系和最严格的考核评估体系。贫困县摘帽工作要严把退出关，坚决杜绝数字脱贫、虚假脱贫，确保脱贫过程扎实、脱贫结果真实，使脱贫攻坚成效经得起实践和历史检验。加强常态化督促指导，继续开展脱贫攻坚成效考核。组织开展脱贫攻坚普查，对各地脱贫攻坚成效进行全面检验，为打赢脱贫攻坚战、全面建成小康社会提供数据支撑。此外，还可以创新考核方式方法，完善考核评价机制，加强对脱贫攻坚工作成效的社会监督。

### 脱贫攻坚越到最后时刻越要抓紧

脱贫攻坚战事关全局、事关长远，这一场硬仗必须打赢，没有任何退路和弹性，越到最后时刻越不能停顿、不能大意、不能放松。

进一步加强和改善党的领导。习近平总书记强调：“脱贫攻坚越到最后越要加强和改善党的领导。”脱贫攻坚，加强领导是根本。坚持党对脱贫攻坚的领导，是党的十八大以来我国脱贫攻坚取得决定性成就的重要经验。当前，脱贫攻坚已进入决战阶段。夺取脱贫攻坚战全面胜利，更需要加强和改善党的领导。各级党委和政府要进一步提高政治站位，强化责任担当，履职尽责、不辱使命，确保全面小康路上一个都不能少。

确保高质量完成任务。只有高质量完成脱贫攻坚目标任务，才能真正向党和人民交出合格答卷，才能真正兑现我们党的庄严承诺。因此，脱贫攻坚越到最后，越要瞄准突出问题和薄弱环节狠抓政策落实，确保剩余建档立卡贫困人口如期脱贫。保持脱贫攻坚政策稳定，对退出的贫困县、贫困村、贫困人口保持现有帮扶政策总体稳定。推动减贫战略和工作体系平稳转型，接续推进全面脱贫与乡村振兴有效衔接，建立长短结合、标本兼治的体制机制。

坚决杜绝形式主义、官僚主义。必须坚决杜绝形式主义、官僚主义，持续为基层松绑减负，让干部有更多时间和精力抓落实。教育引导广大党员干部自觉加强党性修养，坚持实事求是思想路线，牢固树立正确政绩观，始终牢记人民利益高于一切，切实把对上负责与对下负责统一起来，为决胜脱贫攻坚、全面建成小康社会提供坚强作风保证。

（作者为中央党史和文献研究院原院务委员、清华大学习近平新时代中国特色社会主义思想研究院学术委员）

《人民日报》（2020年10月29日第09版）

# 下编　开启全面建设社会主义现代化国家新征程

# 奋力夺取全面建设社会主义现代化国家新胜利

社　论

金秋时节，中国共产党第十九届中央委员会第五次全体会议胜利举行。全会听取和讨论了习近平总书记受中央政治局委托作的工作报告，充分肯定党的十九届四中全会以来中央政治局的工作。全会审议通过了《中共中央关于制定国民经济和社会发展第十四个五年规划和二〇三五年远景目标的建议》，这是夺取全面建设社会主义现代化国家新胜利的纲领性文件。

在“两个一百年”奋斗目标的历史交汇点上，党的十九届五中全会重点研究“十四五”规划问题并提出建议，将“十四五”规划与2035年远景目标统筹考虑，对动员和激励全党全国各族人民战胜前进道路上各种风险挑战，为全面建设社会主义现代化国家开好局、起好步，具有十分重要的意义。全会通过的《建议》，坚持立足国内和全球视野相统筹，坚持问题导向和目标导向相统一，坚持中长期目标和短期目标相贯通，坚持全面规划和突出重点相协调，做好“两个一百年”奋斗目标有机衔接，明确“十四五”

时期经济社会发展的基本思路、主要目标以及 2035 年远景目标，突出新发展理念的引领作用，提出一批具有标志性的重大战略，实施富有前瞻性、全局性、基础性、针对性的重大举措，统筹谋划好重要领域的接续改革，必将为实现第二个百年奋斗目标、实现中华民族伟大复兴的中国梦奠定坚实基础。

“十三五”时期是全面建成小康社会决胜阶段。面对纷繁复杂的国内外形势特别是新冠肺炎疫情严重冲击，以习近平同志为核心的党中央不忘初心、牢记使命，团结带领全党全国各族人民砥砺前行、开拓创新，奋发有为推进党和国家各项事业，决胜全面建成小康社会取得决定性成就，全面深化改革取得重大突破，全面依法治国取得重大进展，全面从严治党取得重大成果，国家治理体系和治理能力现代化加快推进，中国共产党领导和我国社会主义制度优势进一步彰显。经过“十三五”时期的发展，我国经济实力、科技实力、综合国力跃上新的大台阶，“十三五”规划目标任务即将完成，全面建成小康社会胜利在望，中华民族伟大复兴向前迈出了新的一大步，社会主义中国以更加雄伟的身姿屹立于世界东方。

当前和今后一个时期，我国发展仍然处于重要战略机遇期，但机遇和挑战都有新的发展变化。“十四五”时期是我国在全面建成小康社会、实现第一个百年奋斗目标之后，乘势而上开启全面建设社会主义现代化国家新征程、向第二个百年奋斗目标进军的第一个五年。全党要统筹中华民族伟大复兴战略全局和世界百年未有之大变局，深刻认识我国社会主要矛盾变化带来的新特征新要求，深刻认识错综复杂的国际环境带来的新矛盾新挑战，增强机遇意识和风险意识，立足社会主义初级阶段基本国情，保持战略定力，办好自己的事，认识和把握发展规律，发扬斗争精神，树立底线思维，准确识变、科学应变、主动求变，善于在危机中育先机、于变局中开新局，抓住机遇，应对挑战，趋利避害，奋勇前进。

党的十九大对实现第二个百年奋斗目标作出分两个阶段推进的战略安排，即到2035年基本实现社会主义现代化，到本世纪中叶把我国建成富强民主文明和谐美丽的社会主义现代化强国。这次全会锚定2035年远景目标，综合考虑未来一个时期国内外发展趋势和我国发展条件，对“十四五”时期我国发展作出系统谋划和战略部署。我们要全面贯彻党的基本理论、基本路线、基本方略，统筹推进经济建设、政治建设、文化建设、社会建设、生态文明建设的总体布局，协调推进全面建设社会主义现代化国家、全面深化改革、全面依法治国、全面从严治党的战略布局，坚定不移贯彻创新、协调、绿色、开放、共享的新发展理念，坚持稳中求进工作总基调，以推动高质量发展为主题，以深化供给侧结构性改革为主线，以改革创新为根本动力，以满足人民日益增长的美好生活需要为根本目的，统筹发展和安全，加快建设现代化经济体系，加快构建以国内大循环为主体、国内国际双循环相互促进的新发展格局，推进国家治理体系和治理能力现代化，实现经济行稳致远、社会安定和谐，奋力夺取全面建设社会主义现代化国家新胜利。

推动“十四五”时期经济社会发展，必须坚持党的全面领导，为实现高质量发展提供根本保证；坚持以人民为中心，不断实现人民对美好生活的向往；坚持新发展理念，实现更高质量、更有效率、更加公平、更可持续、更为安全的发展；坚持深化改革开放，持续增强发展动力和活力；坚持系统观念，实现发展质量、结构、规模、速度、效益、安全相统一。奋进新时代、开启新征程，我们要牢记初心使命、勇于担当作为、善于攻坚克难，努力实现经济发展取得新成效、改革开放迈出新步伐、社会文明程度得到新提高、生态文明建设实现新进步、民生福祉达到新水平、国家治理效能得到新提升的主要目标。

“大鹏一日同风起，扶摇直上九万里。”实现“十四五”规划和2035年远景目标，意义重大，任务艰巨，前景光明。前进道路上，我国有独特的政治优势、制度优势、发展优势和机遇优势，经济社会发展依然有诸多有利条件，我们完全有信心、有底气、有能力谱写“两大奇迹”新篇章。让我们更加紧密地团结在以习近平同志为核心的党中央周围，增强“四个意识”、坚定“四个自信”、做到“两个维护”，同心同德，顽强奋斗，在全面建设社会主义现代化国家的新征程上创造新的历史伟业！

（《人民日报》2020 年 10 月 30 日第 02 版）

# 为全面建设社会主义现代化国家开好局起好步

马建堂

“十四五”时期是我国全面建成小康社会、实现第一个百年奋斗目标之后，乘势而上开启全面建设社会主义现代化国家新征程、向第二个百年奋斗目标进军的第一个五年。在“两个一百年”奋斗目标的历史交汇点上，党的十九届五中全会审议通过了《中共中央关于制定国民经济和社会发展第十四个五年规划和二〇三五年远景目标的建议》，为未来5年乃至15年中国发展擘画新蓝图，是夺取全面建设社会主义现代化国家新胜利的纲领性文件。我们要认真学习贯彻党的十九届五中全会精神，坚持以习近平新时代中国特色社会主义思想为指导，增强“四个意识”、坚定“四个自信”、做到“两个维护”，同心同德，顽强奋斗，努力为全面建设社会主义现代化国家开好局、起好步。

## 全面建成小康社会取得决定性成就为开启新征程奠定坚实基础

全面建成小康社会是14亿中国人民的共同期盼。党的十八大以来，以习近平同志为核心的党中央顺应我国经济社会新发展和广大人民群众新期待，提出全面建成小康社会新的目标要求，赋予“小康”更高的标准、更丰富的内涵、更全面的要求。全面建成小康社会是“两个一百年”奋斗目标的第一个百年奋斗目标，是我们党向人民、向历史作出的庄严承诺，也是乘势而上开启全面建设社会主义现代化国家新征程的坚实基础。

经济迈向高质量发展。坚定不移贯彻新发展理念，以供给侧结构性改革为主线，坚决端正发展观念、转变发展方式，大力推动经济发展质量变革、效率变革、动力变革，经济高质量发展取得显著成效。2012—2019 年，我国经济增长平均速度达到 7.0%，在世界主要经济体中保持领先，持续成为世界经济增长的动力源。2019 年，我国国内生产总值（GDP）接近 100 万亿元，人均 GDP 按年平均汇率折算达到 10276 美元，预计 2020 年 GDP 突破 100 万亿元，标志着我国经济发展迈上了新的大台阶。

创新驱动成效显著。坚持把创新作为引领发展的第一动力，大力实施创新驱动发展战略，加强国家创新体系建设，持续加大创新资源投入，自主创新能力显著增强，创新型国家和人才强国建设取得丰硕成果。2012—2019 年，我国全社会研发经费投入从 10298 亿元增长到 21737 亿元，自 2013 年起就成为世界第二大研发经费投入国。目前研发经费支出占 GDP 比重达到 2.19%，超过欧盟 15 国平均水平。我国研发人员总量、发明专利申请量等指标已连续多年位居世界首位，一批重大科技创新成果快速涌现，科技创新对经济社会发展的驱动力不断增强。

发展协调性明显增强。大力推动城乡区域协调发展，京津冀协同发展、长江经济带发展、粤港澳大湾区建设、长三角一体化发展、黄河流域生态保护和高质量发展等重大战略相继实施，持续支持革命老区、边疆地区、贫困地区加快发展，区域发展差距不断缩小。大力实施乡村振兴战略，促进城乡资源均衡配置，加快推进农业农村现代化步伐。城乡居民人均可支配收入之比从 2012 年的 2.88∶1 下降到 2019 年的 2.64∶1。

人民生活水平不断提高。坚持以人民为中心的发展思想，人民对美好生活的向往不断得以实现。2013—2019 年，每年城镇新增就业人数都在 1300 万人以上，在一个有 14 亿人口的大国实现了比较充分的就业。2012—2019 年，居民人均可支配收入从 16510 元增长到 30733 元，已建成世界上规模最大的社会保障体系。贫困人口从 9899 万人减少到 551 万人，连续 7 年年均减贫 1000 万人以上，贫困发生率从 10.2% 降到 0.6%。中华民族即将从整体上消除绝对贫困，这是人类减贫史乃至发展史上前无古人的壮举。

国民素质和社会文明程度显著提高。持续加强社会主义精神文明建设，大力弘扬社会主义核心价值观和中华优秀传统文化，中国特色社会主义和中国梦深入人心，社会主义核心价值观成为全体人民的共同价值追求，主旋律更加响亮，正能量更加强劲，文化自信得到彰显。国民思想道德素质、科学文化素质、健康素质明显提高，公共文化服务体系基本建成，全社会法治意识不断增强。

生态环境质量总体改善。以改善生态环境质量为核心，以解决人民群众反映强烈的突出生态环境问题为重点，坚决打好蓝天、碧水、净土保卫战。空气质量明显改善，2019 年，在监测的 337 个地级及以上城市中，空气质量达标的城市占 46.6%，比 2015 年提高 25 个百分点。水环境质量明显好转，全国地表水Ⅰ—Ⅲ类水体比例超过 70%，劣Ⅴ类水体比例控制在 5% 以内。能源资源消费更加集约，2019 年每万元 GDP 能耗为 0.49 吨标准煤，比 2012 年下降 24.5%；每万元 GDP 水耗 67 立方米，比 2012 年下降 38.8%。

各方面制度更加成熟更加定型。党的十八届三中全会开启了全面深化改革、系统整体设计推进改革的新时代。我们坚持和完善党的领导制度体系、人民当家作主制度体系、中国特色社会主义法治体系、中国特色社会主义行政体制、社会主义基本经济制度、繁荣发展社会主义先进文化的制度、统筹城乡的民生保障制度、共建共治共享的社会治理制度、生态文明制度体系等，主要领域的基础性制度体系基本形成，重要领域和关键环节改革成效显著，运用制度和法律治理国家的能力显著增强，为全面建成小康社会提供了强大制度保障。

## 全面建设社会主义现代化国家实现良好开局具有多方面优势和条件

党的十九届五中全会指出，当前和今后一个时期，我国发展仍然处于重要战略机遇期，但机遇和挑战都有新的发展变化。尽管国际环境日趋复杂，不稳定性不确定性明显增加，国内发展不平衡不充分问题仍较突出，但我国制度优势显著、治理效能提升、经济长期向好、物质基础雄厚、人力资源丰富、市场空间广阔、发展韧性强劲、社会大局稳定，完全有条件、有能力在“十四五”时期实现更高质量、更有效率、更加公平、更可持续、更为安全的发展，为全面建设社会主义现代化国家开好局、起好步。

中国共产党领导和中国特色社会主义制度的政治优势充分彰显。中国共产党领导是中国特色社会主义最本质的特征，是中国特色社会主义制度的最大优势。在中华民族从站起来、富起来到强起来的伟大飞跃中，中国共产党始终发挥着总揽全局、协调各方的领导核心作用。今年以来，面对纷繁复杂的国内外形势特别是新冠肺炎疫情严重冲击，以习近平同志为核心的党中央不忘初心、牢记使命，团结带领全党全国各族人民砥砺前行、开拓创新，奋发有为推进党和国家各项事业，“十三五”规划目标任务即将完成，全面建成小康社会胜利在望，中华民族伟大复兴向前迈出了新的一大步。实践再次证明，有习近平同志作为党中央的核心、全党的核心领航掌舵，有全党全国各族人民团结一心、顽强奋斗，我们就一定能够战胜前进道路上出现的各种艰难险阻，一定能够在新时代把中国特色社会主义更加有力地推向前进。

超大规模经济体的优势日益凸显。我国拥有14亿人口的超大规模市场和巨大需求潜力，拥有全球最完整的产业体系和上中下游产业链，是世界上唯一拥有联合国产业分类目录中所有工业门类的国家，制造业占全球比重达到27%，已成为全球第二大消费市场。我国是全球最大贸易国、第二大进口国、第二大外商直接投资来源国和目的地，对世界经济的影响力不断上升。随着居民收入水平提高和中等收入群体扩大，我国市场的潜力和成长性进一步释放，超大规模的优势更加突出。这有利于更充分地发挥规模经济、范围经济、网络经济效应，有利于增强我国经济发展韧性、扩大回旋余地，有利于缓解风险挑战冲击。

人口质量红利不断显现，科技创新能力不断增强。我国受过高等教育和职业教育的高技能劳动力已超过1.7亿人，每年高等院校毕业生保持在800万人左右，一大批具有国际水平的战略科技人才、科技领军人才、青年科技人才和高水平创新团队正在快速形成。根据世界知识产权组织发布的《2020年全球创新指数报告》，我国创新指数世界排名第十四位，是前30名中唯一的中等收入经济体。我国研发人员总量、发明专利申请量等指标位居世界首位，研发经费投入快速增长。人力资本和科技创新能力的进一步提升，有利于抓住新一轮科技革命和产业变革的战略机遇，为推动“十四五”时期高质量发展提供更加强劲、更可持续的动力。

科技革命和产业变革推动新旧动能转换速度加快。以人工智能、大数据、物联网、云计算为核心的新一轮科技革命和产业变革不断深化和拓展，产业持续升级，结构不断优化，生产方式不断变革，新产品、新业态、新商业模式不断涌现，“互联网+”“智能+”与已有行业和产业相互融合，传统产业焕发新的生机，新旧动能转换加快，必将推动现代产业体系建设迈出实质性步伐，为全面提升经济效率和国际竞争力，推动高质量发展、构建新发展格局发挥关键作用。

城市群和基础设施的网络效应日益增强。我国以城市群为主体形态的城镇发展格局正在加快形成，城镇空间结构不断优化，京津冀、长三角、珠三角、成渝、长江中游等城市群加快形成生产要素聚合效应，成为推动经济发展的重要引擎。同时，城市间基础设施网络化水平不断提高，广覆盖、多层次、多节点的综合交通和快速通道体系加快形成，城市群的空间联系更加便利密切，生产要素跨区域迅速流动、聚集和扩散的条件日益完备，物流成本和交易成本不断降低。所有这些，将进一步优化生产要素的流动、聚集和扩散方式，提高资源的空间配置效率，不断增强我国参与国际竞争合作的能力和水平。

绿色发展将拓展巨大发展空间。绿色发展是经济高质量发展的重要内容和动力。随着人们对绿色产品和服务的需求不断增长，绿色制造、绿色流通、绿色消费、绿色金融的发展空间将得到扩展，发展潜力将得到释放。未来5年，我国生产方式将继续向节约型、集约型转变。到2025年，能源强度、碳排放强度将进一步下降，资源利用效率将进一步提高。“十四五”时期，绿色发展将释放巨大的需求潜力，创造新的供给体系，为全面建设社会主义现代化国家、实现第二个百年奋斗目标注入源源不断的绿色动力。

（作者为国务院发展研究中心党组书记、研究员）

（《人民日报》2020年11月06日第09版）

# 在更高起点上推进改革开放

隆国强

如期全面建成小康社会，为全面建设社会主义现代化国家开好局、起好步，需要从我国进入新发展阶段大局出发，贯彻落实新发展理念，紧扣推动高质量发展、构建新发展格局，在更高起点上推进改革开放。

习近平总书记在深圳经济特区建立40周年庆祝大会上的重要讲话中指出："改革不停顿，开放不止步，在更高起点上推进改革开放"。党的十九届五中全会提出"十四五"时期经济社会发展主要目标，明确"改革开放迈出新步伐"。当前，世界进入动荡变革期，我国正处于实现中华民族伟大复兴的关键时期。如期全面建成小康社会，为全面建设社会主义现代化国家开好局、起好步，需要从我国进入新发展阶段大局出发，贯彻落实新发展理念，紧扣推动高质量发展、构建新发展格局，在更高起点上推进改革开放，努力实现更高质量、更有效率、更加公平、更可持续、更为安全的发展。

### 以深化改革开放推动实现高质量发展

今天，我们正站在实现“两个一百年”奋斗目标的历史交汇点上，全面建成小康社会胜利在望，全面建设社会主义现代化国家前景光明。党的十九届五中全会强调，“十四五”时期要“以推动高质量发展为主题”。在新发展阶段推动高质量发展，既面临新机遇，也面临新挑战。

从挑战看，当今世界正经历百年未有之大变局，新一轮科技革命和产业变革迅猛推进，国际科技竞争日益激烈；世界经济格局深刻调整，国际产业链供应链竞争日益激烈；全球经济治理体系加速变革，围绕国际经贸规则主导权的竞争日益激烈。今年以来，新冠肺炎疫情全球大流行使世界大变局加速演进，经济全球化遭遇逆流，保护主义、单边主义上升，世界经济低迷，国际贸易和投资大幅萎缩，国际经济、科技、文化、安全、政治等格局都在发生深刻调整，我们将面对更多逆风逆水的外部环境。同时，我国发展不平衡不充分问题仍然突出，实现高质量发展还有许多短板弱项。

从机遇看，虽然世界进入动荡变革期，但从长远看，经济全球化仍是历史潮流，各国分工合作、互利共赢是长期趋势，我国发展仍然处于重要战略机遇期。一是以信息技术为代表的新一轮科技革命和产业变革为我国创新发展带来战略机遇。信息技术革命不仅带来新技术、新模式、新产业的发展，而且以数字化改造提升传统产业，将为高质量发展注入强大动力，助力我国实现“换道超车”。二是我国自身不断发展壮大带来新机遇。我国经济长期向好，市场空间广阔，发展韧性强大，正在形成以国内大循环为主体、国内国际双循环相互促进的新发展格局，这将开启新的巨大发展空间。我国经济发展的良好前景，吸引着越来越多国际人才和优秀企业向我国汇聚，出现了利用国际要素促进我国创新与产业升级的机遇“窗口期”。我国有力有序有效统筹疫情防控和经济社会发展，在世界率先控制住疫情，在主要经济体中率先实现经济正增长，为发展赢得了先机、占据了主动。在全球贸易大幅下滑的背景下，我国出口实现了正增长。

在“十四五”时期抓住新机遇、应对新挑战，推动实现高质量发展，迫切需要通过改革开放迈出新步伐，为高质量发展提供制度保障。

高质量发展是创新成为第一动力的发展，需要以科技创新、效率提升和产业结构升级为发展增添新动能。我国具有科技创新的良好要素条件与需求条件，把创新的潜力转化为发展的现实动力，关键在于建立有利于科技创新的体制机制，充分激发创新的动力和活力，充分发挥超大规模市场优势，加快科技成果转化，加强知识产权保护，加强国际创新合作，让人才成为第一资源、让创新成为第一动力。

高质量发展是协调成为内生特点的发展，需要从多方面健全城乡区域协调发展新机制。全面实施全国统一的市场准入负面清单制度，消除歧视性、隐蔽性的区域市场壁垒，打破行政性垄断，形成全国统一开放、竞争有序的商品和要素市场。全面放宽城市落户条件，完善配套政策，打破阻碍劳动力在城乡、区域间流动的不合理壁垒，促进人力资源优化配置。健全市场一体化发展机制，深化区域合作机制，加强区域间合作。完善财政转移支付制度，逐步缩小城乡区域间基本公共服务差距。

高质量发展是绿色成为普遍形态的发展，需要推动我国经济社会发展全面绿色转型。能源在绿色转型发展中居于重要地位，必须加快推进能源消费革命、能源供给革命、能源技术革命、能源体制革命，全方位加强能源国际合作，构建清洁低碳、安全高效的能源体系。完善生态文明领域统筹协调机制，完善绿色生产和消费的法律制度和政策导向，全面建立资源高效利用制度，推动绿色循环低碳发展。加强绿色发展的国际合作，推动共享绿色技术，制定完善国际规则。

高质量发展是开放成为必由之路的发展，需要以高水平开放打造国际合作和竞争新优势。与以往相比，我国发展的国际环境深刻变化，我国参与国际合作与竞争的优势正在发生重大转换。未来要紧扣高质量发展主题，以开放型经济的高标准，加快构建更高水平开放型经济新体制，充分发挥我国参与国际分工的新优势，牢牢抓住国际环境变化中的新机遇，用好国际国内两个市场、两种资源，推动共建“一带一路”高质量发展，推动建设开放型世界经济，推动构建人类命运共同体。

高质量发展是共享成为根本目的的发展，需要改善人民生活品质，提高社会建设水平。健全幼有所育、学有所教、劳有所得、病有所医、老有所养、住有所居、弱有所扶等方面国家基本公共服务制度体系，尽力而为，量力而行，注重加强普惠性、基础性、兜底性民生建设，保障群众基本生活，扎实推动共同富裕。完善共建共治共享的社会治理制度，确保人民安居乐业、社会安定有序，建设更高水平的平安中国。

### 以深化改革开放推动构建新发展格局

党的十九届五中全会强调：“加快构建以国内大循环为主体、国内国际双循环相互促进的新发展格局”。习近平总书记明确指出：“新发展格局不是封闭的国内循环，而是开放的国内国际双循环。”构建新发展格局，需要通过全面深化改革、全面扩大开放打通从生产、分配到流通、消费等诸多环节的堵点，畅通国民经济循环，促进国内国际双循环良性互动。

以深化供给侧结构性改革为主线，提升供给体系对国内需求的适配性，使生产、分配、流通、消费更多依托国内市场。习近平总书记指出："要坚持供给侧结构性改革这个战略方向，扭住扩大内需这个战略基点，使生产、分配、流通、消费更多依托国内市场"。要坚持以供给侧结构性改革为主线，深化重要领域和关键环节改革。不仅重视提升供给体系对国内需求的适配性，以高质量供给满足日益升级的需求，而且重视以供给创新引领需求结构升级。处理好政府和市场关系，充分发挥市场在资源配置中的决定性作用，更好发挥政府作用，使有效市场和有为政府形成合力。加快政府职能转换，深化"放管服"改革，提高政府管理与服务效能。完善要素市场化配置体制机制，提高生产要素配置效率。完善创新链产业链融合发展体制机制，围绕产业链部署创新链、围绕创新链布局产业链，前瞻布局战略性新兴产业，培育发展未来产业，发展数字经济。加快完善国内统一大市场，形成供需互促、产销并进的良性循环，打造市场化、法治化、国际化的一流营商环境。深化收入分配制度改革，提高劳动报酬在初次分配中的比重，巩固脱贫攻坚成果，壮大中等收入群体。改善消费环境，更好保障消费者权益，提高消费对经济增长的贡献率。

以规则标准等制度型开放为引领，建设更高水平开放型经济新体制。当前国际环境复杂多变，保护主义抬头，我们必须保持战略定力，按照习近平总书记的要求，"站在历史正确的一边，坚定不移全面扩大开放"。按照畅通国内国际双循环的要求，加快推进规则标准等制度型开放，建设更高水平开放型经济新体制。

充分发挥我国市场大、基础设施完善、产业体系完整、经济韧性强的优势，落实外商投资法，提高“引进来”的质量和水平，把引资、引技、引才有机结合起来，聚天下英才而用之。着力吸引跨国公司地区总部、研发中心、高端制造和现代服务业，不断增强我国创新能力，促进产业结构升级。改革完善对外投资管理服务体系，助推我国企业“走出去”，提高企业整合全球资源与市场的能力，培育一大批具有国际竞争力的中资跨国公司，使之成为我国参与国际经济合作与竞争的重要主体。用新技术改造提升劳动密集型出口产业，维护传统产业的国际竞争力，有序引导劳动密集型产业在国内的梯度转移和对外转移，把我国打造成为国际产业链的枢纽。在资本与技术密集型产业实施开放创新发展战略，增强其国际竞争力。加快关键技术与核心部件的技术攻关，增强我国产业链的安全性。牢牢把握信息技术革命新机遇，完善跨境数据流动与安全制度，利用全球资源发展新经济，尤其是增强我国数字服务贸易的国际竞争力。稳步推进“一带一路”建设，开拓发展新空间。统筹好发展和安全两件大事，守住安全底线，完善资源安全、产业安全、金融安全、信息安全的体制机制，增强安全能力。

改革和开放相得益彰，推动国内国际双循环相互促进。对外开放是推动我国经济社会发展的重要动力。推动国内国际双循环相互促进，需要进一步使改革和开放相互促进、相得益彰，以开放促改革、促发展、促创新。主动参与全球经济治理体系改革特别是多边贸易体系改革，推动开放型世界经济深入发展。积极参与国际经贸新规则的制定，通过参与多边谈判、高水平自由贸易区或投资协定谈判，推动经济体制与国际经贸规则接轨。对标国际高水平经贸规则，高质量高标准建设海南自由贸易港，充分发挥经济特区、自由贸易试验区等开放平台先行先试作用，为高水平改革开放探索可复制可推广的经验。

随着我国迈入新发展阶段，改革面临新的任务，开放面临新的挑战。必须以习近平新时代中国特色社会主义思想引领新一轮改革开放，增强“四个意识”、坚定“四个自信”、做到“两个维护”，永葆“闯”的精神、“创”的劲头、“干”的作风，在更高起点上推进改革开放，形成推进改革开放的持久动力。

（作者为国务院发展研究中心副主任）

（《人民日报》2020 年 11 月 09 日第 09 版）

# 为开启新征程奠定坚实基础

孙来斌

确保如期打赢脱贫攻坚战，确保如期全面建成小康社会、实现第一个百年奋斗目标，是开启全面建设社会主义现代化国家新征程的坚实基础。当前，脱贫攻坚进入决战决胜阶段，我们要再接再厉、一鼓作气，坚决夺取脱贫攻坚战全面胜利，向着全体人民共同富裕取得更为明显的实质性进展稳步前进。

刚刚闭幕的党的十九届五中全会强调，全党全国各族人民要再接再厉、一鼓作气，确保如期打赢脱贫攻坚战，确保如期全面建成小康社会、实现第一个百年奋斗目标，为开启全面建设社会主义现代化国家新征程奠定坚实基础。我们要深入贯彻落实习近平总书记关于脱贫攻坚的重要论述，确保现行标准下的农村贫困人口如期脱贫，确保全面建成小康社会的成色，向着全体人民共同富裕取得更为明显的实质性进展稳步前进。

## 打赢脱贫攻坚战意义重大而深远

摆脱贫困是中华民族千百年来的美好梦想，也是人类社会的共同追求。如期打赢脱贫攻坚战，全面建成小康社会，对于开启全面建设社会主义现代化国家新征程具有基础性意义，是实现中华民族伟大复兴的重要里程碑。

补齐全面建成小康社会的最大短板。全面建成小康社会、实现第一个百年奋斗目标，最艰巨的任务是脱贫攻坚，这是一个最大的短板，也是一个标志性指标。全面小康，覆盖的人口和地域必须全面。没有全民小康，没有农村的小康，特别是没有贫困地区的小康，就没有全面建成小康社会。全面建成小康社会，一个也不能少；共同富裕路上，一个也不能掉队。在实现中华民族伟大复兴中国梦的壮阔征程中，全面小康是关键一步，需要尽快补齐脱贫攻坚这块最大短板。

兑现我们党向人民向历史作出的庄严承诺。习近平总书记指出："让贫困人口和贫困地区同全国一道进入全面小康社会是我们党的庄严承诺。"中国共产党人最讲认真，言必信、行必果，有诺必践。党的十八大以来，以习近平同志为核心的党中央把扶贫开发工作纳入"五位一体"总体布局和"四个全面"战略布局，实施精准扶贫、精准脱贫，加大扶贫投入、创新扶贫方式，扶贫开发工作呈现新局面。今年脱贫攻坚任务完成后，中华民族千百年来存在的绝对贫困问题将历史性地得到解决，我们党一定会兑现自己的庄严承诺。

彰显推动世界减贫事业的责任担当。当今世界，贫困及其衍生出来的饥饿、疾病等一系列难题依然困扰着国际社会，消除贫困是人类的共同使命。作为世界上最大的发展中国家，中国一直是全球减贫与发展事业的倡导者、推动者和践行者。改革开放以来特别是党的十八大以来，我国开启人类历史上最为波澜壮阔的减贫进程，走出一条中国特色扶贫开发道路，对全球减贫贡献率超过 70%，为世界减贫事业作出重大贡献，提供了中国智慧和中国方案。2018 年，第七十三届联合国大会通过关于消除农村贫困的决议，把中国倡导的“精准扶贫”理念与实践写入文件。中国积极开展南南合作，力所能及地向其他发展中国家提供援助，支持和帮助广大发展中国家特别是最不发达国家消除贫困，彰显负责任大国的担当。

## 坚定打赢脱贫攻坚战的信心和决心

党的十八大以来，以习近平同志为核心的党中央充分发挥党的领导这一最大优势，实施精准扶贫精准脱贫基本方略，全面打响脱贫攻坚战，取得决定性成就，为夺取脱贫攻坚战全面胜利提供了坚强保证。

党的领导提供政治保证。脱贫攻坚，加强领导是根本。习近平总书记指出："越是进行脱贫攻坚战，越是要加强和改善党的领导。"党的十八大以来，以习近平同志为核心的党中央全面加强集中统一领导，强化各级党委总揽全局、协调各方作用。习近平总书记亲自挂帅、亲自出征、亲自督战，走遍全国集中连片特困地区，2015 年以来连续 6 年召开 7 次脱贫攻坚座谈会，作出一系列决策部署。建立中央统筹、省负总责、市县抓落实的管理体制，强化党政一把手负总责的责任制，层层签订脱贫攻坚责任书、立下军令状，形成五级书记抓扶贫、全党动员促攻坚的扶贫局面，保证了脱贫攻坚的正确方向，收到了"强化落地、吹糠见米"的实际效果。但必须看到，从决定性成就到全面胜利，面临的困难和挑战依然艰巨。越是紧要关头，越要加强和改善党的领导，层层压实责任，将各项政策举措落到实处，确保高质量打赢脱贫攻坚战。

精准扶贫精准脱贫提供科学方法论。理论源于实践，又指导实践。习近平总书记深刻把握扶贫开发的历史进程和特点规律，创造性提出精准扶贫精准脱贫基本方略，为做好新时代扶贫开发工作提供了科学方法论。这一基本方略的核心内容是，做到"六个精准"，实施"五个一批"，解决好"四个问题"。通过对症下药、精准滴灌、靶向治疗，真正做到扶贫扶到点上、扶到根上。精准扶贫精准脱贫基本方略丰富发展马克思主义反贫困理论，彰显实事求是的实践品格、真挚的人民情怀、深刻的辩证思维，推动扶贫方式由“大水漫灌”向“精准滴灌”转变，为打赢脱贫攻坚战提供了科学指引。

决定性成就奠定坚实基础。党的十八大以来，以习近平同志为核心的党中央大力推进脱贫攻坚，创造了我国减贫史上的最好成绩。贫困人口从2012年底的9899万人减到2019年底的551万人，贫困发生率由10.2%降至0.6%，连续7年每年减贫1000万人以上。2013年至2019年，贫困地区农民人均可支配收入年均增速高出全国农村平均水平2.2个百分点，全国建档立卡贫困户人均纯收入由2015年的3416元增加到2019年的9808元，年均增幅30.2%。贫困地区群众出行难、用电难、上学难、看病难、通信难等长期没有解决的老大难问题普遍解决，义务教育、基本医疗、住房安全有了保障。贫困群众“两不愁”质量水平明显提升，“三保障”突出问题总体解决。这些决定性成就，为夺取脱贫攻坚战全面胜利奠定了坚实基础。

### 多措并举夺取脱贫攻坚战全面胜利

脱贫攻坚战不是轻轻松松一冲锋就能打赢的，剩余脱贫攻坚任务艰巨，夺取脱贫攻坚战全面胜利面临的困难和挑战不可低估。我们必须咬定目标、凝心聚力、精准施策，勇于和善于解决各种难题，夺取脱贫攻坚战全面胜利，确保如期全面建成小康社会、实现第一个百年奋斗目标，为实现第二个百年奋斗目标、实现中华民族伟大复兴的中国梦奠定坚实基础。

坚决完成剩余脱贫攻坚任务。到今年 2 月底，全国还有 52 个贫困县未摘帽、2707 个贫困村未出列、建档立卡贫困人口未全部脱贫。虽然同过去相比总量不大，但都是贫中之贫、困中之困。稳定住、巩固好“三保障”成果，任务也不轻。必须瞄准突出问题和薄弱环节，对 52 个未摘帽贫困县和 1113 个贫困村实施挂牌督战，持续压实责任，整合帮扶资源，按照既定部署把政策和工作落实到位，全力攻克深度贫困堡垒，确保啃下硬骨头。坚持问题导向、目标导向、结果导向，开展“三保障”和饮水安全查漏补缺，补齐短板弱项，努力把“三保障”的解决效果稳定住、巩固好。

着力巩固脱贫成果。脱贫户是否有返贫致贫风险，易地搬迁户是否留得住、能致富，关乎脱贫攻坚的质量和成色。今年 2 月底各地初步摸底数据显示，已脱贫人口中有近 200 万人存在返贫风险，边缘人口中有近 300 万人存在致贫风险。截至今年 4 月底，全国易地扶贫搬迁近 1000 万贫困人口，仍需做好后续帮扶工作，巩固脱贫成果难度很大。对退出的贫困县、贫困村、贫困人口，必须保持现有帮扶政策总体稳定，严格落实摘帽不摘责任、摘帽不摘政策、摘帽不摘帮扶、摘帽不摘监管的要求，加快建立防止返贫监测和帮扶机制，对脱贫不稳定户、边缘易致贫户，以及因疫情或其他原因收入骤减、支出骤增户加强监测，提前采取有针对性的帮扶措施。巩固脱贫成果，还需着眼长远，推进脱贫与乡村振兴有效衔接，摸清发展需求，找准发展路子，激发欠发达地区和农村低收入人口发展的内生动力，促进逐步实现共同富裕。

严格考核督查。应对各种难题的水平如何、脱贫攻坚任务完成的成效如何，需要通过考核评估来检验。习近平总书记强调："要实施最严格的考核评估制度，而且要较真、叫板。"实现脱贫攻坚目标，越到关键时候越要响鼓重锤，决不能搞急功近利、虚假政绩。必须严把退出关，严格执行贫困退出标准和程序，用好督查、巡查、督导等手段，及时发现和整改问题，坚决杜绝数字脱贫、虚假脱贫。今年国家将组织开展脱贫攻坚普查，全面检验各地脱贫攻坚成效，确保脱贫成果经得起历史和人民检验。

（作者为北京大学马克思主义学院教授）

（《人民日报》2020 年 11 月 11 日第 09 版）

# 深入理解“坚持系统观念”

詹成付

党的十九届五中全会审议通过的《中共中央关于制定国民经济和社会发展第十四个五年规划和二〇三五年远景目标的建议》（以下简称《建议》），将“坚持系统观念”作为“十四五”时期我国经济社会发展必须遵循的五项原则之一，指明了提高社会主义现代化事业组织管理水平的方向。这是以习近平同志为核心的党中央总揽全局作出的战略部署、提出的明确要求，意义十分重大，我们要认真学习领会、切实贯彻落实。

## 全面建设社会主义现代化国家开好局、起好步的必然要求

系统观念是马克思主义基本原理的重要内容，强调系统是由相互作用、相互依赖的若干组成部分结合而成的、具有特定功能的有机体；要从事物的总体与全局上、从要素的联系与结合上研究事物的运动与发展，找出规律、建立秩序，实现整个系统的优化；用开放的复杂系统的观点、用从定性到定量的综合集成方法研究

经济社会问题。我国的“两弹一星”、北斗卫星导航系统、“神舟”系列飞船等重大工程就是坚持系统观念、运用系统方法的成功案例。实践表明，系统观念、系统方法是组织管理重大工程、重大事业不可或缺的方式方法。

“十四五”时期，我国将进入新发展阶段，开启全面建设社会主义现代化国家新征程。习近平总书记指出：“进入新发展阶段，贯彻新发展理念，构建新发展格局，需要解决的问题会越来越多样、越来越复杂。”随着科技快速发展和社会不断进步，我国现代化建设实践越来越丰富和复杂，具有越来越强的综合性、动态性和系统性，突出表现在空间范围越来越大、速度变化越来越快、层次结构越来越复杂、结果和影响越来越广泛和深远。面对复杂形势和艰巨任务，我们需要更加自觉地运用系统科学的方法分析和解决问题，从多因素、多层次、多方面入手研究经济社会发展，从系统论出发优化经济社会治理方式，协调不同部门、各种政策在国家治理体系中的定位和功能，全面协调社会主义现代化各项建设，在多重目标中寻求动态平衡，做到统筹推进“五位一体”总体布局、协调推进“四个全面”战略布局，做到物质文明和精神文明全面发展、经济建设和国防建设紧密结合、区域良性互补、城乡融合发展。惟有如此，才能实现更高质量、更有效率、更加公平、更可持续、更为安全的发展。

《建议》是坚持系统观念科学谋划、统筹推进我国现代化事

业的典范

党的十八大以来，习近平总书记就坚持系统观念作出一系列重要论述，提出一系列重要指示和要求，为我们提供了思想和行动遵循。习近平总书记指出："现代化经济体系，是由社会经济活动各个环节、各个层面、各个领域的相互关系和内在联系构成的一个有机整体""全面依法治国是一个系统工程，必须统筹兼顾、把握重点、整体谋划，更加注重系统性、整体性、协同性""落实党的十八届三中全会以来中央确定的各项改革任务，前期重点是夯基垒台、立柱架梁，中期重点在全面推进、积厚成势，现在要把着力点放到加强系统集成、协同高效上来，巩固和深化这些年来我们在解决体制性障碍、机制性梗阻、政策性创新方面取得的改革成果，推动各方面制度更加成熟更加定型""党的领导必须是全面的、系统的、整体的，必须体现到经济建设、政治建设、文化建设、社会建设、生态文明建设和国防军队、祖国统一、外交工作、党的建设等各方面"；等等。以习近平同志为核心的党中央坚持系统谋划、统筹推进党和国家各项事业，根据新的实践需要，形成一系列新布局和新方略，带领全党全国各族人民取得了历史性成就。在这个过程中，系统观念是具有基础性的思想和工作方法，发挥了重要作用。

党的十九届五中全会审议通过的《建议》，按照党的十九大对实现第二个百年奋斗目标作出的分两个阶段推进的战略安排，综合考虑未来一个时期国内外发展趋势和我国发展条件，紧紧抓住我国社会主要矛盾，深入贯彻新发展理念，对“十四五”时期我国发展作出系统谋划和战略部署。《建议》第三至第十四部分总体上按照新发展理念的内涵来组织，分领域阐述“十四五”时期经济社会发展和改革开放的重点任务，明确了从科技创新、产业发展、国内市场、深化改革、乡村振兴、区域发展到文化建设、绿色发展、对外开放、社会建设、安全发展、国防建设12个重点领域的思路和重点工作，作出工作部署。按照新发展理念的内涵分领域阐述重点领域的思路和重点工作，进一步丰富了贯彻新发展理念的大系统，必将推动新发展理念在更广更深层面落细落实。构建新发展格局在《建议》中具有纲举目张的作用。作为一个大系统，新发展格局既涉及生产领域，又涉及分配、流通、消费领域；既涉及制造业，又涉及农业和服务业；既涉及实体经济，又涉及金融和房地产；既涉及农村，又涉及城市；既涉及国内改革，又涉及对外开放；既涉及国内大循环，又涉及国内国际双循环。《建议》对此进行系统阐述，目的在于使新发展格局的各个局部之间、局部与整体之间、整体与环境之间关系顺畅，达到优化状态。

在《建议》中，“健全以创新能力、质量、实效、贡献为导向的科技人才评价体系”“完善国家科技治理体系”“完善金融支持创新体系”“加快发展现代产业体系”“构建系统完备、高效实用、智能绿色、安全可靠的现代化基础设施体系”“完善扩大内需的政策支撑体系”“健全金融风险预防、预警、处置、问责制度体系”“构建高质量发展的国土空间布局和支撑体系”“健全现代文化产业体系”“构建生态文明体系”“坚持山水林田湖草系统治理，构建以国家公园为主体的自然保护地体系”“健全覆盖全民、统筹城乡、公平统一、可持续的多层次社会保障体系”“构建居家社区机构相协调、医养康养相结合的养老服务体系”“完善社会治理体系”等等，都是从系统观念出发提出的要求。每一个体系都是一个系统，都有其内在结构，结构之间又都存在相互作用的关系。可以说，《建议》是坚持系统观念的范本，反映了我们正在进行的社会主义现代化建设事业的宏大程度、复杂程度和艰巨程度。坚持系统观念，处理好我国经济社会发展中一系列复杂关系，必将有力保障中国巨轮乘风破浪、坚定前行，从胜利走向更大的胜利。

### 坚持系统观念，全面协调推进社会主义现代化建设

我国国家制度和国家治理体系具有多方面的显著优势，为我们在社会主义现代化建设中坚持系统观念提供了有力保障。在全面建设社会主义现代化国家新征程中，必须统筹国内国际两个大局，办好发展安全两件大事，坚持全国一盘棋，更好发挥中央、地方和各方面积极性，着力固根基、扬优势、补短板、强弱项，注重防范化解重大风险挑战，实现发展质量、结构、规模、速度、

效益、安全相统一。

加强前瞻性思考。习近平总书记指出，要“科学预见形势发展的未来走势、蕴藏其中的机遇和挑战、有利因素和不利因素，透过现象看本质，抓好战略谋划”。坚持系统观念，要善于运用马克思主义的立场、观点和方法，加强调查研究，利用大数据等现代信息技术，通过从定性到定量的综合集成，深刻认识我国社会主要矛盾变化带来的新特征新要求，深刻认识错综复杂的国际环境带来的新矛盾新挑战，洞悉经济社会发展的新趋势新变化，准确识变、科学应变、主动求变。树立底线思维，对潜在的风险有科学预判，知道风险在哪里、表现形式是什么、发展趋势会怎样，妥善做好应对各种困难局面的准备。只有加强前瞻性思考，才能牢牢掌握斗争主动权，在危机中育先机、于变局中开新局。

加强全局性谋划。习近平总书记指出：“领导干部要胸怀两个大局，一个是中华民族伟大复兴的战略全局，一个是世界百年未有之大变局，这是我们谋划工作的基本出发点。”坚持系统观念，必须牢固树立大局意识，自觉从大局看问题，善于把本地区本部门的工作放到大局中进行思考和定位，把党中央的决策部署同本地区本部门的实际有机结合，做到坚持全国一盘棋，正确认识大局，自觉服从大局。只有加强全局性谋划，才能使我国经济社会大系统的投入产出效益最优。

加强战略性布局。习近平总书记强调：“必须在把情况搞清楚的基础上，统筹兼顾、综合平衡，突出重点、带动全局，有的时候要抓大放小、以大兼小，有的时候又要以小带大、小中见大，形象地说，就是要十个指头弹钢琴。”以城市发展为例。城市发展不能盲目“摊大饼”、仅仅考虑城市规模或经济效益，而要坚持以人民为中心的发展思想，从促进社会全面进步和人的全面发展出发，统筹城市规划、建设、管理，合理确定城市规模、人口密度、空间结构，统筹城市布局的经济需要、生活需要、生态需要、安全需要，打造宜居城市、韧性城市、智能城市。只有加强战略性布局、处理好城市发展中的重大关系，我国城市发展才能走得更稳、走得更远。

加强整体性推进。在新的历史起点上，不论是改革还是发展和稳定，都要从系统观念和全局出发，统筹兼顾、整体施策、多措并举，全方位、全领域、全过程协调推进。在深化改革上，系统谋划深化改革的重大举措，多推动创造型、引领型改革，从整体上推动各项制度更加成熟更加定型；在经济发展上，实现发展质量、结构、规模、速度、效益、安全相统一；在社会治理上，更加突出系统治理、依法治理、综合治理、源头治理；在生态环境保护上，坚持山水林田湖草系统治理，提升生态系统质量和稳定性；在改善人民生活品质上，坚持经济发展以保障和改善民生为出发点和落脚点，全面解决好人民群众关心的收入、教育、就业、社保、养老、医疗卫生、食品安全等问题，让改革发展成果更多、更公平、更实在地惠及广大人民群众。只有加强整体性推进，我国经济社会发展才能更加协调，才能不断增强人民群众获得感、幸福感、安全感。

（作者为民政部副部长）

（《人民日报》2020 年 11 月 12 日第 09 版）

# 以推动高质量发展为主题

王昌林

习近平总书记围绕为什么要推动高质量发展、什么是高质量发展、怎样推动高质量发展等问题发表一系列重要讲话，为我们深刻认识高质量发展的科学内涵、核心要义和基本要求提供了根本遵循。"十四五"时期，为全面建设社会主义现代化国家开好局、起好步，必须深入学习贯彻习近平新时代中国特色社会主义思想，扎实推动高质量发展。

党的十九届五中全会提出，"十四五"时期经济社会发展要以推动高质量发展为主题，这是根据我国发展阶段、发展环境、发展条件变化作出的科学判断。我们要以习近平新时代中国特色社会主义思想为指导，坚定不移贯彻新发展理念，以深化供给侧结构性改革为主线，坚持质量第一、效益优先，切实转变发展方式，推动质量变革、效率变革、动力变革，使发展成果更好惠及全体人民，不断实现人民对美好生活的向往。

## 深刻认识高质量发展的科学内涵和基本要求

党的十八大以来，习近平总书记作出我国经济发展进入新常态的重大判断，提出创新、协调、绿色、开放、共享的新发展理念。党的十九大明确我国经济发展已由高速增长阶段转向高质量发展阶段。习近平总书记围绕为什么要推动高质量发展、什么是高质量发展、怎样推动高质量发展等问题发表一系列重要讲话，为我们深刻认识高质量发展的科学内涵、核心要义和基本要求提供了根本遵循。

深刻认识推动高质量发展的必要性和紧迫性。习近平总书记指出，推动高质量发展，是保持经济持续健康发展的必然要求，是适应我国社会主要矛盾变化和全面建成小康社会、全面建设社会主义现代化国家的必然要求，是遵循经济规律发展的必然要求。进入高质量发展阶段，我国需求条件、要素条件和潜在增长率发生重要变化，如果不顾客观实际追求高速增长，势必带来较大风险隐患。进入新时代，我国社会主要矛盾发生转化，发展中的矛盾和问题集中体现在发展质量上。只有大力提高发展质量，才能解决好我国社会主要矛盾，以更加平衡更加充分的发展满足人民美好生活需要，实现“两个一百年”奋斗目标。经济发展规律表明，一个国家进入工业化中后期，只有实现发展方式从规模速度型转向质量效益型，推动高质量发展，才能顺利完成工业化、实现现代化。当前，新冠肺炎疫情全球大流行使世界百年未有之大变局加速演进，我国发展的外部环境日趋复杂。防范化解各类风险隐患，积极应对外部环境变化带来的冲击挑战，关键在于办好自己的事，提高发展质量，提高国际竞争力，增强国家综合实力和抵御风险能力，有效维护国家安全，实现经济行稳致远、社会和谐安定。

深刻认识高质量发展的科学内涵和基本要求。习近平总书记指出："高质量发展，就是能够很好满足人民日益增长的美好生活需要的发展，是体现新发展理念的发展，是创新成为第一动力、协调成为内生特点、绿色成为普遍形态、开放成为必由之路、共享成为根本目的的发展""新时代新阶段的发展必须贯彻新发展理念，必须是高质量发展"。推动高质量发展，要坚持发展是第一要务，人才是第一资源，创新是第一动力；牢牢把握供给侧结构性改革这条主线，不断改善供给结构，提高经济发展质量和效益；加快现代化经济体系建设，推动农业、制造业、服务业高质量发展，加强基础设施建设，推动形成优势互补、高质量发展的区域经济布局；充分发挥国内超大规模市场优势，逐步形成以国内大循环为主体、国内国际双循环相互促进的新发展格局，提升产业链供应链现代化水平；坚持对内开放和对外开放相结合，以更高水平开放促进更高质量发展；努力在推动高质量发展过程中办好各项民生事业、补齐民生领域短板，以共建共治共享拓展社会发展新局面。在党的十九届五中全会上，习近平总书记强调："经济、社会、文化、生态等各领域都要体现高质量发展的要求。""十四五"乃至今后更长时期，以推动高质量发展为主题要体现在国家发展的各领域和全过程。

### "十三五"时期我国高质量发展取得显著进展

"十三五"时期，在习近平新时代中国特色社会主义思想科学指引下，我国经济加快从速度规模型向质量效益型转变，在城镇化和区域协调发展、高质量发展体制机制建设等方面取得显著进展，为我国发展培育了新动力、拓展了新空间，有力推动我国发展朝着更高质量、更有效率、更加公平、更可持续、更为安全的方向前进。

经济增长保持在合理区间。2016—2019 年经济年均增长 6.5% 以上，保持中高速增长。2019 年国内生产总值（GDP）接近 100 万亿元，人均 GDP 突破 1 万美元，经济规模和实力迈上新台阶。农业生产保持稳定，工业、服务业实现较快增长，物质基础更加雄厚，生产力水平进一步提升。消费的基础性作用、投资的关键性作用有效发挥。

经济发展质量和效益不断提高。经济增长主要依靠国内市场和内需拉动，2016—2019 年最终消费支出对经济增长的贡献率超过 60%。供给侧结构性改革取得显著成效，产业结构升级趋势更加明显，高技术制造业、装备工业快速发展，分享经济、平台经济、数字经济等领域新产品、新业态、新模式不断涌现。农业供给结构不断优化，农村一二三产业加快融合发展。2019 年，服务业对经济增长的贡献率为 59.4%。经济增长更多依靠创新和效率驱动，全员劳动生产率持续提高，2019 年日均新设企业 2 万户，5G 商用加速推出，在信息、生物、航空航天、深海探测等领域取得一批重大技术突破，人工智能、大数据等新兴产业茁壮成长，全球创新指数排名提升至第十四位。

生态环境明显改善。污染防治攻坚战取得新的重大成就，2019 年 337 个地级及以上城市空气质量平均优良天数比例为 82%，地表水质量达到或好于Ⅲ类比例为 74.9%，提前完成“十三五”规划目标。生态文明建设稳步推进，森林覆盖率达到 22.96%。据有关国际机构统计，全球从 2000 年到 2017 年新增的绿化面积中约有 1/4 来自中国，中国贡献占比居全球首位，成为全球增加森林资源最多的国家。

人民生活水平显著提高。决战脱贫攻坚取得决定性成就，5575 万农村贫困人口实现脱贫，困扰中华民族几千年的绝对贫困问题将历史性地得到解决。公共服务惠及全体居民，九年义务教育全面普及，高等教育进入普及化阶段，建成世界上规模最大的社会保障体系。就业和居民收入较快增长，2016—2019 年城镇新增就业累计达 5378 万人，2019 年全国居民人均可支配收入达

30733元、比2015年增长39.9%，形成了超过4亿人的世界上规模最大的中等收入群体。

## 在新发展阶段扎实推动高质量发展

“十四五”时期，我国将进入新发展阶段。为全面建设社会主义现代化国家开好局、起好步，必须深入学习贯彻习近平新时代中国特色社会主义思想，科学把握新发展阶段，深入贯彻新发展理念，加快构建新发展格局，以推动高质量发展为主题，把发展质量问题摆在更为突出的位置，着力提高发展质量和效益。

加快建设科技强国。坚持创新在我国现代化建设全局中的核心地位，把科技自立自强作为国家发展的战略支撑，强化国家战略科技力量，提升企业技术创新能力，激发人才创新活力，完善科技创新体制机制。以创新为第一动力推进产业结构升级、重塑经济发展新优势，不断创造新的需求、拓展新的就业空间，明显提高劳动生产率、增加人民收入，着力破解资源环境约束、实现绿色发展，有效保障国家安全。

加快发展现代产业体系。把经济发展着力点放到实体经济上，提升产业链供应链现代化水平，发展战略性新兴产业，加快发展现代服务业，统筹推进基础设施建设，加快建设交通强国，推进能源革命，加快数字化发展，提高经济质量效益和核心竞争力。

优先发展农业农村。我国作为人口大国和农业大国，农业农村农民问题始终是关系国计民生的根本性问题，解决好“三农”问题始终是全党工作重中之重。必须优先发展农业农村，坚持走中国特色社会主义乡村振兴道路，全面实施乡村振兴战略，强化以工补农、以城带乡，推动形成工农互促、城乡互补、协调发展、共同繁荣的新型工农城乡关系，加快农业农村现代化。

推进区域协调发展和新型城镇化。以构建彰显优势、协调联动的现代化城乡区域发展体系为目标，优化国土空间结构，推进区域协调发展和新型城镇化。坚持实施区域重大战略、区域协调发展战略、主体功能区战略，健全区域协调发展体制机制，完善新型城镇化战略，构建高质量发展的国土空间布局和支撑体系。

着力推动绿色发展。“十四五”时期，我国生态环境质量持续改善压力依然很大，美丽中国建设任重道远。必须保持加强生态文明建设的战略定力，探索以生态优先、绿色发展为导向的高质量发展新路子。深入实施可持续发展战略，完善生态文明领域统筹协调机制，构建生态文明体系，促进经济社会发展全面绿色转型。

推进全面深化改革和高水平开放。适应新发展阶段要求，切实推进政府职能转变、国资国企、科技、教育、金融、财税、收入分配等重大改革攻坚部署落地实施。建立健全推动高质量发展的指标体系、政策体系、标准体系、统计体系、绩效评价、政绩考核办法等。实施更大范围、更宽领域、更深层次对外开放，建设更高水平开放型经济新体制，推动共建“一带一路”高质量发展，积极参与全球经济治理体系改革，促进国际合作，实现互利共赢。

改善人民生活品质。以满足人民日益增长的美好生活需要为根本目的，着力提高人民收入水平，强化就业优先政策，建设高质量教育体系，健全多层次社会保障体系，全面推进健康中国建设，实施积极应对人口老龄化国家战略，加强和创新社会治理，不断增强人民群众获得感、幸福感、安全感，促进人的全面发展和社会全面进步。

（作者为中国宏观经济研究院院长）

（《人民日报》2020 年 11 月 17 日第 09 版）

# 坚定文化自信　建设文化强国

沈壮海　段立国

党的十九届五中全会提出到2035年建成文化强国的战略目标，并对如何实现这一战略目标作出新的谋划和部署。这是党的十七届六中全会提出建设社会主义文化强国以来，党中央首次明确建成文化强国的具体时间表，标志着我们党对文化建设重要地位及其规律认识的深化，为在全面建设社会主义现代化国家新征程中推动建成文化强国提供了行动指南，为我们深刻认识新时代文化建设新使命、创造中华文化新辉煌明确了前进方向。

习近平总书记指出："中国特色社会主义是全面发展、全面进步的伟大事业，没有社会主义文化繁荣发展，就没有社会主义现代化。"党的十九届五中全会站在党和国家事业发展全局高度，明确提出到2035年建成文化强国。这是党的十七届六中全会提出建设社会主义文化强国以来，党中央首次明确建成文化强国的具体时间表，标志着我们党对文化建设重要地位及其规律认识的深化，为在全面建设社会主义现代化国家新征程中推动建成文化强国提供了行动指南，为我们深刻认识新时代文化建设新使命、创造中华文化新辉煌明确了前进方向。

### 实现中华民族伟大复兴的必然要求

回望我国5000多年文明史不难发现，文化兴盛始终是国家强盛的重要条件。中华民族要实现伟大复兴，既需要强大的物质力量，也需要强大的精神力量。

在致力于实现中华民族伟大复兴的历史进程中，我们党始终将不断创造中华文化新辉煌作为不懈奋斗的重要目标。早在革命战争时期，毛泽东同志就指出："我们共产党人，多年以来，不但为中国的政治革命和经济革命而奋斗，而且为中国的文化革命而奋斗；一切这些的目的，在于建设一个中华民族的新社会和新国家。在这个新社会和新国家中，不但有新政治、新经济，而且有新文化。这就是说，我们不但要把一个政治上受压迫、经济上受剥削的中国，变为一个政治上自由和经济上繁荣的中国，而且要把一个被旧文化统治因而愚昧落后的中国，变为一个被新文化统治因而文明先进的中国。一句话，我们要建立一个新中国。建立中华民族的新文化，这就是我们在文化领域中的目的。"新中国成立后特别是改革开放以来，经过不懈努力，中华民族迎来了从站起来、富起来到强起来的伟大飞跃。党的十八大以来，以习近平同志为核心的党中央对文化建设高度重视。“十三五”时期，我国文化建设取得重大成就，在全面建成小康社会进程中发挥了重要作用。党的十九届五中全会明确将建成文化强国确立为到2035年基本实现社会主义现代化的远景目标之一，体现了我们党在推进中华民族伟大复兴进程中创造中华文化新辉煌的信心和决心。

当前，世界百年未有之大变局加速演进，文化越来越成为国际竞争的重要影响因素，文化软实力在国家综合国力中的地位和作用越来越重要。这对我们把文化建设摆在更加突出位置、下更大气力推进文化强国建设提出了更为紧迫的要求。只有努力建成社会主义文化强国，我们才能在世界百年未有之大变局的时代背景下，把新时代中国特色社会主义伟大事业不断推向前进，继续向着实现中华民族伟大复兴的目标进发。

### 全面建设社会主义现代化国家的题中应有之义

当前，全面建成小康社会胜利在望，我们即将开启全面建设社会主义现代化国家新征程。建成文化强国，是全面建设社会主义现代化国家的题中应有之义。

中国特色社会主义是物质文明和精神文明全面发展的社会主义。在数十年实践探索和理论探索的基础上，党的十七届六中全会明确提出了“建设社会主义文化强国”的奋斗目标；党的十八大进一步强调：“扎实推进社会主义文化强国建设”。党的十八大以来，在以习近平同志为核心的党中央坚强领导下，我们党把文化建设提升到新的历史高度，强调坚定中国特色社会主义道路自信、理论自信、制度自信、文化自信，把坚持马克思主义在意识形态领域指导地位的制度确立为中国特色社会主义制度体系的一项根本制度，把坚持社会主义核心价值体系纳入新时代坚持和发展中国特色社会主义的基本方略。党的十九大明确提出："要坚持中国特色社会主义文化发展道路，激发全民族文化创新创造活力，建设社会主义文化强国。"可以说，新时代中国特色社会主义文化建设正是在建设社会主义文化强国的伟大征程上不断迈进、全面展开的。党的十九届五中全会进一步将建成文化强国确立为2035年基本实现社会主义现代化的远景目标，更为清晰地点明了建成文化强国在全面建设社会主义现代化国家中的重要意义。

从全面建成小康社会到基本实现社会主义现代化，需要制定和实施三个五年规划。在这一发展进程中，"十四五"时期尤为关键，直接关系到能否为全面建设社会主义现代化国家开好局、起好步，直接影响能否如期建成文化强国。习近平总书记在教育文化卫生体育领域专家代表座谈会上的重要讲话中强调："统筹推进'五位一体'总体布局、协调推进'四个全面'战略布局，文化是重要内容；推动高质量发展，文化是重要支点；满足人民日益增长的美好生活需要，文化是重要因素；战胜前进道路上各种风险挑战，文化是重要力量源泉。'十四五'时期，我们要把文化建设放在全局工作的突出位置，切实抓紧抓好。”这一重要讲话，从顶层设计的高度将文化建设摆在更加突出位置，为在新征程中推动建成文化强国提出了新课题新要求，吹响了努力建成社会主义文化强国的冲锋号。

## 在新征程中推动建成文化强国

党的十八大以来，我国文化建设取得历史性成就、发生历史性变革，为新时代坚持和发展中国特色社会主义、开创党和国家事业全新局面提供了强大正能量。党的十九届五中全会进一步提出了到2035年建成文化强国的战略目标，并对如何实现这样的战略目标作出了新的谋划和部署。

党的十九届五中全会在明确提出到2035年建成文化强国这一远景目标的同时，对“十四五”时期文化建设领域的主要目标作出具体阐述：“社会文明程度得到新提高，社会主义核心价值观深入人心，人民思想道德素质、科学文化素质和身心健康素质明显提高，公共文化服务体系和文化产业体系更加健全，人民精神文化生活日益丰富，中华文化影响力进一步提升，中华民族凝聚力进一步增强。”这充分体现了坚持远景目标与近期目标的辩证统一、有机衔接：一方面，远景目标进一步明确了“十四五”时期文化建设的努力方向和着力点；另一方面，“十四五”时期文化建设的主要目标是对远景目标的阶段性细化，是为实现建成文化强国远景目标所进行的扎实准备。关于“十四五”时期文化建设，党的十九届五中全会提出：“繁荣发展文化事业和文化产业，提高国家文化软实力”；并指出：“坚持马克思主义在意识形态领域的指导地位，坚定文化自信，坚持以社会主义核心价值观引领文化建设，加强社会主义精神文明建设，围绕举旗帜、聚民心、育新人、兴文化、展形象的使命任务，促进满足人民文化需求和增强人民精神力量相统一，推进社会主义文化强国建设。”这些具体要求，勾绘了“十四五”时期文化建设的发展思路和发力重点。

党的十九届五中全会要求，全党要统筹中华民族伟大复兴战略全局和世界百年未有之大变局，深刻认识我国社会主要矛盾变化带来的新特征新要求，深刻认识错综复杂的国际环境带来的新矛盾新挑战，增强机遇意识和风险意识，立足社会主义初级阶段基本国情，保持战略定力，办好自己的事，认识和把握发展规律，发扬斗争精神，树立底线思维，准确识变、科学应变、主动求变，善于在危机中育先机、于变局中开新局，抓住机遇，应对挑战，趋利避害，奋勇前进。这些是我们在新征程中推动建成文化强国必须深刻把握的战略判断和方法论原则。

（作者单位：武汉大学马克思主义学院、山东大学马克思主义学院）

（《人民日报》2020 年 11 月 19 日第 09 版）